The Tiger Strategy

是
出来 训练
的 练

虎

作
法

【德】罗塔·塞维尔特 ——— 著　　王恺 ——— 译

民主与建设出版社
·北京·

图书在版编目（CIP）数据

猛虎工作法：能力是训练出来的 ／（德）罗塔·赛维尔特（Lothar Seiwert）著；王恺译.—北京：民主与建设出版社，2018.5

ISBN 978-7-5139-1938-8

Ⅰ.①猛… Ⅱ.①罗… ②王… Ⅲ.①工作方法 - 通俗读物 Ⅳ.①B026-49

中国版本图书馆CIP数据核字（2018）第 020162 号

Title: THE TIGER STRATEGY

Author: LOTHAR SEIWERT

版权登记号：01-2018-2255

猛虎工作法：能力是训练出来的
MENG HU GONG ZUO FA：NENG LI SHI XUN LIAN CHU LAI DE

出 版 人	李声笑	
著 者	（德）罗塔·赛维尔特	
特约策划编辑	李让让	
责 任 编 辑	刘 艳	
封 面 设 计	云中工作室	
出 版 发 行	民主与建设出版社有限责任公司	
电 话	（010）59419778 59417747	
社 址	北京市海淀区西三环中路10号望海楼E座7层	
邮 编	100142	
印 刷	天津盛辉印刷有限公司	
开 本	880mm × 1230mm 1/32	
印 张	6	
字 数	120千字	
版 次	2018年5月第1版 2018年5月第1次印刷	
标 准 书 号	ISBN 978-7-5139-1938-8	
定 价	39.80元	

注：如有印、装质量问题，请与出版社联系。

猛虎从不会放弃，作为猛虎，永不放弃是其天性；作为人，我们时时刻刻都处在危机与变化之中，我们必须向着高手进化，练就自己的"猛虎技能"，尤其在我们赖以生存的工作上。

——何塞·奥尔特加·伊·加塞特，西班牙哲学家此书献给亲爱的瑞内·摩尔博士——我的"白虎女士"及训练导师。

前言

所有工作达人的五项关键特质

当猛虎弓起身子的时候，并非表示它向你屈服了。

——柬埔寨箴言

作为能力训练导师及畅销书作家，我的大多数读者都了解我对熊的喜爱，少数人也知道，我对猛虎的研究也同样充满热情。相信绝大多数人都不知道我出生于苏门答腊岛。我对大型野生猫科动物的兴趣可以说是与生俱来的。或许是我年幼时常与父母在热带雨林探险的经历——有一次我们竟然遇到了一头活生生的老虎——在潜移默化中养成了我终身观察野生动物的爱好，而且我还在野生动物的世界里，感悟到了许多对我们人类有所启示的东西。

这本书向你展示了让我终身受益的工作方法。回顾我的个人经历以及我在工作中认识的各行各业人士，所有的工作达人都具有五项相同的关键特质：目标清晰、精力充沛、斗志旺盛、极为专注、不达目的誓不罢休，也正是这五项关键特质，将他们从众多平庸的人中凸显出来。

为什么我选择猛虎来阐述我的观点？因为在猛虎身上，这五种特质正好完美和谐地体现了我所倡导的思维方法和行为方式。没有任何一种动物像猛虎一样，能够同时拥有这五种特质。在自然界猛虎没有天敌，所以它们在很多文化中成为力量的象征，比如在一些亚洲文化中，猛虎就是森林之王。猛虎不仅仅是力量、勇敢和坚强的象征，它还是捕猎之王与战略决策家。正是这种能力，使得它的体力在每次捕猎中都不会白白浪费。即便它的捕猎计划只有一部分能够顺利进行，它也选择继续坚持，不会轻易放弃，直到捕获猎物。不论是在山地、在丛林、在草原还是在水中，它都可以毫不费力地调整自己，面对挑战。猛虎逆风追捕猎物，为了自己的气味不被猎物所察觉；猛虎蜷缩起自己的身体，藏身于树丛中匍匐前进，直到它与猎物足够接近，能够在几个回合就将其制伏。

作为人类，在工作中我们也有一些重要事情与猛虎捕猎有共同之处：做好工作、确保生存无虞是深植于人类机体的本能，这也是我们与生俱来的渴望。遗憾的是，人类这个物种的大多数，已在社会化的过程中将天然的捕猎本能遗失殆尽。我每天的经历都在反复印证成功与"不懈的努力""金钱上的回报""巨大的压力""紧张的状态"紧密相连。

一些人将捕猎任务交给别人去完成；另一些人在接受任务时立即就感到身负压力；还有一些人还未开始动手就想着失败与负面影响……在面对繁复的责任与争分夺秒赶着完成任务时，人们很难把自己有限的精力全部用在刀刃上。猛虎捕猎是为了填饱肚子与继续生存，然而人们终日忙忙碌碌只是为了蝇头小利以及追逐永不可及的梦想。

我时常会有这样的感觉，那些谋定而后动、知止而有得、勤勉又自律的工作达人正如猛虎一样，是能够时刻面对危机并能找到方法化解的一类人。生存游戏不同于猎取芳心，沿途没有动人的风景。不同的人对成功的定义各不相同，每个人心中所认为的成功，都与周围的环境或他周围的人对成功的定义，而完全不同。

事实上，就"成功"而言，"捕猎"是一个非常原始的比喻。在整个人类的发展历史中，捕猎也是其中最基本的组成部分。从原始社会开始，猎人们就必须竭尽全力，才能保证自己的生存不受到挑战。

我们祖先中优秀的猎人，在物质条件极其有限的情况下，依然能够运用他们的聪明才智与创造力，不断地更新改善捕猎工具。

捕猎指的不仅仅是捕获猎物的那一瞬间，捕猎也包含了许多其他部分：辨嗅猎物的气息，探寻猎物的位置，悄声无息接近猎物，长时间地守候以及在正确的时间发动进攻。能够成功地捕获猎物当然需要猎人的本能和直觉，但是热情、野心、勇敢、谨慎、毅力、体力、策略以及对时机的正确把握也都是不可或缺的因素，这些也是我们取得成功所必备的因素。"猛虎工作法"既不是追捕野生动物的方法，也不是让人热血沸腾的宣传广告。"捕猎"的比喻非常恰当地反映了我们人类的自身渴望以及我们对什么是幸福美满人生的各式标准：他人的认可、爱、意义、安全感、财富、自由、自主……这个比喻适用于实现所有这些梦想的过程，成功是实现真正的幸福快乐。

每个人身上都藏有猛虎的潜能，我们需要的只是将它发掘出来。可到底应该如何发掘，我将在这本书中向你展示。

你到底想成为什么？

温柔的小猫，还是森林之王？或者说，你想成为工作中的菜鸟，还是高手？

"人事有代谢，往来成古今。"孟浩然的这句感喟，用在这里再合适不过。在职场中，人都是在不断成长的，所有的高手都是由新手不断进化而来的。

其实，人与人之间的个体能力差距并不大，可为什么在工作中呈现出来的结果却大相径庭？这就涉及了能力开发的问题。有的人，可能碰巧或天然地就发挥出了自己的潜力，而有的人则因方法不当等原因，表现得差强人意。

德国重量级能力训导专家罗塔·赛维尔特所倡导的"猛虎工作法"，风行欧美，改变了亿万年轻人的生活状态，让他们在工作中由"菜鸟"成功进阶为"达人"。其所著作品《猛虎工作法：能力是训练出来的》版权售至50多国，畅销数百万册，更因其巨大影响力而获得了美国本杰明·富兰克林图书大奖。在书中，罗塔·赛维尔特以老虎拉维为原型，以其由"菜虎"成长为"猛虎"为线索，提出了一套行之有效的"能力训练模型"。

在老虎拉维的成长轨迹中，它在父亲拉文达尔的护佑下，躲在自己的舒适区里，悠然而无压力地生活着。直到有一天，它的父亲被猎人打倒带走，它迎生活的压力向面扑来，更让它无法应对的是，父亲的仇敌巴尔竟要来抢占它的领地！怎么办？怎么办？

想一想，你在工作中有没有类似的情况？初入职场，对工作无从下手，对做事茫然无措？由于工作或上司的变动，你面临新状况或晋升新岗位而迫切需要提升自己的能力？

好在"好父亲"拉文达尔早就为拉维考虑到了这一切，它在失去意识的时候，给拉维留下了"阿姆巴"的暗语，拉维第一时间就明白了父亲的意思。它跋山涉水，找到了"猛虎界"久负盛名的"能力训导专家"阿姆巴，加入了它的"能力训练营"。

在阿姆巴独特的训练下，拉维迅速成长了起来，成功地应对了生活的突变，打败了强敌巴尔，顺利成为新一代"雨林之王"。

阿姆巴独特的训练法，不光适应拉维，也同样适用你我。拉维能在这套方法的训练下成为"雨林之王"，我相信你也能在这套方法的训练下，成为解决问题的高手，玩转工作的达人！

搞定生活，搞定工作，其实就这么简单！

李吉军

2018年4月 于北京

测试

为你的进阶之路做好准备

你的身体中隐藏着多少猛虎的力量?

根据你现在工作的实际情况,判断下面这些说法是否符合你目前的真实状态。请诚实地根据你的情况,在给出的0到3四个选项中做出选择。

0- 不,完全不符合我的情况

1- 少部分符合我的情况,偶有出现

2- 大部分符合我的情况,经常出现

3- 对,完全符合我的情况

了解了打分规程后,开始我们的测试吧!

1. 每天早上起床后一想到工作，我就知道为了完成今天的任务哪些是重要的事情。

2. 当面对计划外的任务时，我能够自然而然地获得完成任务所需的精力和动力。

3. 当处在巨大压力下时，我依旧能够识别并专注于重要的事项，以及理智地选择放弃不重要的。

4. 我能够长时间地专注于完成我所计划的任务。

5. 如果计划做什么事情，我就会立即动手，并总是正确尽早地完成。

6. 当做计划时，我能够估量实现目标过程中的困难，以及解决这些困难可能的方法。

7. 我渴望成为所处行业中的佼佼者，并为这个目标付出一切代价。

8. 我将犯过的错误当作可以从中获得经验教训的机会，并能借此变得更好。

9. 我将自己的精力用在那些我能够做得好，以及我能发挥最大自主能动性的事情上。

10. 我能在必要的时候理智地拒绝别人，不会毫无节制地帮别人背包袱。

11. 当我处于巨大压力之下或被逼到死角时，我依然能够清醒地思考并能够细心大胆地处理问题。

12. 我能够自信并且坚定地面对和处理新的挑战。

13. 重要任务的阻力与失败，对我来说并非是一蹶不振的打击。

14. 我可以排除无关事项的干扰，并专注于我手中正在处理的事项。

15. 当需要完成具有挑战的任务时，我能够比平时更加专注、更加努力，而且不会在完成以前，持续感到巨大的时间压力。

16. 我总是考虑计划安排未来的事情，而不是将脑力浪费于过去未能实现的目标。

17. 在每天工作结束的时候，我还依然有精力和体力处理生活中的私事。

18. 当我面对不适或令我气愤的情况时，我能够理智地处理自己的情绪。

19. 当我面临多项需要完成的任务时，我能够冷静地将它们逐一完成。

20. 当我面对火烧眉毛的任务时，我依然保持冷静找出其中的关键，并能高质量地将其完成。

你的评测结果

现在让我们来看看目标清晰、精力充沛、斗志旺盛、极为专注以及不达目的誓不罢休的持久力这五项能力你都各有多少。请你在下面的表中计算每一项的得分，以及所有项的总分。

类型	问题	该项得分
目标清晰	（1）+（6）+（11）+（16）	
精力充沛	（2）+（7）+（12）+（17）	
斗志旺盛	（3）+（8）+（13）+（18）	
极为专注	（4）+（9）+（14）+（19）	
持久力	（5）+（10）+（15）+（20）	
各项得分加总		

你属于哪种类型?

0至25分：你是一头有着巨大学习潜力的纸老虎。这本书正是为你量身而著。从这本书中，你将获得勇气、动力与精力。亮出你的利爪，使出你百分之百的力气：依靠猛虎工作法，你能在工作的"雨林"中找到正确的路，达成你的目标。

26到44分：你是一头拥有发展潜力的温柔老虎。你已经能够使用你个人一部分的力量与资源，可你还有潜力等待开发。你的利爪还需再亮一亮。这本书将鼓励你走出你的舒适区，帮助你设置更高的长期目标。

45到60分：你是一头真正的猛虎，或者说你是真正的工作高手。你完全能够掌控自己的力量与目标。在这本书中你可以找到你曾经熟悉并付诸实践的理论。阅读这本书可以让你保持警醒。最为优秀的猎人，你可以将你的猛虎工作法与更多的人分享，并帮助他们掌握捕猎的艺术。这本《猛虎工作法：能力是训练出来的》正是送给你的朋友、同事、商业伙伴以及客户的最好礼物。

猛虎图

在下方的网络图中，你可以看到每一条线段上都标注着一项关键能力，这些线段又将这些关键能力互相连接在一起。内部阴影由里到外分成12个等级，分别与你刚刚的得分相对应。将你每一项关键能力所得的分数标记在对应的线段上，再将这五个标记点用直线相连（见例子），这样就得到一张代表你个人的猛虎图。这张图能够向你展示你的强项在哪里，以及在哪些方面你还有变得更强的潜力。请你将这张代表你个人能力的猛虎图，放在一个你时时都能看到的地方，以便提醒你自己要达到的目标。

我建议，当你按照"猛虎工作法"的提示取得足够的进步后，再做一次这个小测试，然后将你新测试结果的猛虎图与旧的那张比对，你就可以看到，你的生活发生了怎样的变化。

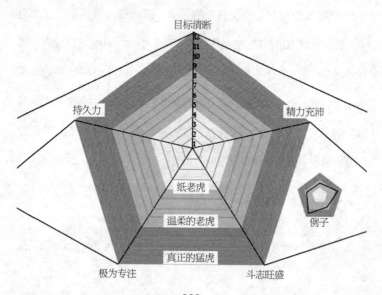

本书成员
介绍

拉文达尔 "条纹动物界"最成功的猛虎，可以说是捕猎之王，没有谁能够达到它这么高的水平。

拉维 拉文达尔之子，非常希望能像它父亲一样成为捕猎之王。可一次雨林中的经历让它患上了"雨林恐惧症"，进而阻碍了它捕猎本能的发挥。

才德尔与**莫迪奥** 两条条纹鬣狗，住在拉文达尔的领地。在生活中它们用悲叹、抱怨与咒骂的方式斗嘴。在食物方面，它们满足于拉文达尔跟拉维剩下的食物。

巴尔 一头野心勃勃的老虎。它已经与拉文达尔斗争了许多年，想将拉文达尔的领地据为己有。只不过至今还未得手的这个事实，令它非常沮丧。

阿姆巴 一头充满智慧的白色雌性老虎，住在山顶。在山顶上，它守护着从祖先那里继承来的捕猎秘籍。

一只动作敏捷、头脑灵活的**苍蝇**，成为拉维进阶雨林之王路上强有力的对手。

一头饥饿的**大象**，毫无疑问，给拉维上了重要的一课。

目 录

C O N T E N T S

在出色完成工作的同时，还能平衡自己的梦想与生活，实现能力变现，财务自由！

第四章　大勋章：成功晋级工作达人 /139

　　跟着拉维同学一起学完了阿姆巴的能力提升课程，现在咱们就一起来看看结业后的拉维，是如何在雨林中奠定自己地位的，是如何打败它的强敌巴尔的，是如何成功晋级"捕猎之王"的！

第一章
变化：突如其来的挑战

对于工作，我们所处的局面，不可能长期一成不变。在局面的变化中，就有可能让我们面临新的挑战，新的挑战要求我们匹配更高或更新的能力，精进是我们成为工作达人必须坚持的原则！

请带着以下问题阅读本章：

○ 在职场中，有没有类似于拉文达尔式的上司罩着你？

○ 如果哪天事情发生了变化，需要你独自面对时你该怎么办？

○ 你是否愿意或者有勇气走出自己的舒适区，迎接挑战？

○ 对一件事幻想得心情澎湃却鲜有行动，你有这种情况吗？

○ 你对自己的未来发展及能力精进是否有规划？

一头猛虎必须自己解决食物的问题。

——题记

　　正午的阳光把预示着雨季的灼热压向大地。耀眼的阳光一直照到山谷的最下面，覆盖了整片雨林。吃饱喝足的拉文达尔正在孟加拉榕树下的阴凉儿里，心满意足地休息。它梦到了在这个雨水充足的季节里，干枯的灌木又焕发了生机，雨林又变成了天堂，新一轮的生命即将开启不一样的篇章。

　　四周静悄悄的，只有几只苍蝇嗡嗡地飞着，四下寻找可以填饱肚子的食物。偶尔还会有一只落到拉文达尔的背上休息。身材魁梧的猛虎则放任苍蝇们的行为，只要它们不在它的鼻子上为非作歹。当然，不是所有的苍蝇都明白这一点。一只胆大的就落在了拉文达尔的鼻子上。拉文达尔一动不动地盯着这只飞虫一段时间后，毫无预兆地跳了起来，两只前爪闪电般地伸向它。随着拉文达尔重新落在地上，那只苍蝇也被它困在前爪之中。"这是为了让你也知道，"它轻声说道，"在这块地盘儿上我是你们的王。"它把两只前爪分开一道缝隙，往里瞧去："你可以在这里待着，但不能落到我的鼻子上。明白了吗？"

这只苍蝇全身颤抖着点点头。

"很好。"在得到了肯定的答复后，拉文达尔松开了它的前爪。就在苍蝇风一般地飞走的时候，老虎也重新舒服地卧回了它那块铺满落叶的洼地。在一整夜艰辛的捕猎之后，这样的小憩是拉文达尔应得的。为了寻找猎物，每个夜晚它都会在自己的领地里一趟又一趟地穿梭寻找。在它捕猎的区域中，所有的动物都敬畏地称它为"伟大的拉文达尔"，并不是没有任何理由的。即使是最优秀的猎人，也被它充沛的精力、无敌的勇气，以及它的坚忍顽强所震惊。

拉文达尔永远知道它想要的是什么，为了达到目的，它已经做了些事情以及思考它还应该做的事。简单而言，对拉文达尔来说，没有什么路是太长的，没有什么困难是太大的，也没有什么付出是太多的。有传闻说，它曾经在一场历时几小时的搏斗中，捕杀了一头体重是它自己四倍多的公象。它后腰右侧上的疤痕就是这场战争的证明。即便是邻近地区的同种野兽，也对拉文达尔充满敬意。在这片相当宽阔的地区里，还不曾有一只与拉文达尔狭路相逢的野兽，能够逃离它的追捕。

拉维在它休息的地方，一边观察它的父亲一边把前爪长长地向前探出，大大地伸了一个懒腰。整个上午，拉维都在研究捕猎理论。在打了一个大大的哈欠之后，它向趴在它身边的那两条条纹鬣狗问道："你们要不要我给你们讲讲我的新想法？"

才德尔是两只条纹鬣狗中比较大的那一条。它抬了一下头，眯着眼睛看了看阳光，百无聊赖地嘟囔着说道："你又有什么能让自己变成捕猎之王的新点子了？你这是在做白日梦啊！如果你想捕猎，你就必须得到雨林中去。"

"渴望成为最优秀的捕猎之王，又有什么错呢？"拉维困惑地问道。

才德尔坐起身来，伤脑筋地说道："我还从没见到过有雨林恐惧症的捕猎之王呢。"它一边说，一边把头转向自己的同类莫迪奥，然后问道："你呢？"

莫迪奥摇了摇头，长出一口气，说道："就连随便一条条纹鬣狗都比拉维更像老虎。"

两条条纹鬣狗发出一阵爆笑，它们的笑声惊醒了拉文达尔。它只怒吼了一声就让那些噪声制造者紧紧地闭上了嘴，而后拉文达尔又躺回到了自己的床上。

刚刚被伙伴嘲笑了新想法的拉维现在漫无目的地走进灌木丛中。

"嗤……"它从嘴里发出怪声，发泄着满心的不屑。凭什么它就不是猎手的料儿？拉维绷紧肌肉，猛地跃入灌木丛。只是树枝还没有在它的身后完全合拢，它就又停下了脚步。"这里可真黑啊。"拉维嘟囔着，战战兢兢地四下观望了一圈，立即又转身想走出雨林——看来这件事情只是说起来容易。透过灌木丛的枝丫，拉维看着拉文达尔的肚皮频率均匀地一起一伏。

"我必须克服掉这个可恶的雨林恐惧症。"它一边自言自语地给自己鼓勇气，一边继续向灌木丛的深处走去。

可是，就像每一次一样，拉维还没有离开它睡觉的地方多远，它的勇气就早已耗尽了。然后，它就会给自己找到上千个不必走进雨林的理由。在它的记忆里，它就没有离开过那棵孟加拉榕树几百米。只有在阳光照得到的地方，它才会身心舒畅、毫无顾虑地活动。只有在它睡觉的地方，它才觉得安全。在那里，拉维能够想到一个又一个的好点子，只是把它们付诸实践却总是非常难，因为没有父亲的陪伴，拉维根本不敢走进丛林深处。

当拉维身旁的树丛发出咔嚓的轻微响动时，它又一次转身了。"有什么人在那里吗？"拉维朝那个方向喊了一声。这个声音让它想起了前几天在河边追捕时从自己手中逃脱的水牛。在每一个应该不顾一切捕猎的时机，拉维几乎都在泥泞的河岸边踌躇不前，而且每次当它碰到河水的时候，都一定要使劲甩干爪子。就在那头厚皮水牛突然张开大嘴直直地朝着它冲过来的瞬间，拉维早就吓得站在原地一动也不能动了。

"我真不知道，你这么小的胆子到底是从谁那里继承来的。"拉维的父亲恨铁不成钢地说，"一个捕猎之王在任何时刻都能保持清醒的自控力。即使是在水里，对它来说跟在陆地上也没什么两样。"拉维的父亲在说话的时候，失望的神情毫不掩饰地出现在脸上。

在水中感觉舒服自在？这说的可能是其他老虎，但绝对不会是拉维。自从拉维在第一次捕猎时目睹了自己的母亲消失在雨林的河中，它就再也不敢踏进任何一条河流了。对这一天的记忆成了拉维永远不能忘却的噩梦。为了给拉维演示如何静候伏击猎物，母亲选择在一条河的岸边狩猎，直到一条鳄鱼突然凭空出现，搏斗立即爆发。两头猛兽都挣扎着想把对方制伏，一会儿是拉维的母亲处于上风，一会儿又是鳄鱼，河中溅起高高的水花。拉维被巨大的恐惧包围，终于它再也忍受不下去了，用最快的速度向孟加拉榕树跑回去，一心想把它的父亲搬来当救兵。

等到它们两个一起再次来到河边的时候，河面已经平静得没有一丝波纹了。而拉维的母亲就像在空气中蒸发了一样，一点踪迹也找不到了。接下来的好几天，拉维父子两个都在孟加拉榕树下等着它母亲的归来，然而失踪的母亲再也没有出现过。

到今天，拉维的母亲已经失踪三年了。从那天起，拉维就开始跟它的父亲一起生活。从拉维选择自己的领地中就看得出来拉文达尔非常容忍自己的儿子。要知道履行父亲的责任并不是一头老虎的天然职责。按照自然的规律，拉维应该跟它的母亲一起生活，直到它能够独立捕获猎物。它也应该从它的母亲那里，学习所有捕猎的知识和技能。可是，拉维的母亲失踪了，它再也不能为儿子提供优秀的训练课程了。拉维的父亲虽然也有计划地带着它去捕猎，可父亲的耐心总是很快就被儿子耗尽，特别是实际情况并没有按照事先的安排发展下去的时候。

它们一起去捕猎时，每一次，只要拉维在场，就都会有一些突

发状况出现。有一次拉维本该盯紧一头马上就能得手的小岩羊，可它的注意力却被一头突然出现的大肥野猪吸引走了。又有一次，拉维因为在灌木丛中打盹，跳出的时间太晚，最终错过了一头水鹿。还有一次，在静候伏击猎物的时候，一条蟒蛇从拉维身边爬了过去，它被吓得不但弄出了巨大声响，还扬起了漫天的灰尘。前方安静吃草的猎物被拉维那边的动静吓得向更远的地方跑去。

"为什么这一切是这么的难呢？"

拉维一边垂头丧气地哀叹，一边努力克服恐惧穿越雨林。当它听不到它父亲的呼噜声时，拉维突然停下了脚步。如果现在它迷路了，那又会发生什么呢？不用想也可以知道，拉维一定会悲惨地饿死，因为它根本没有能力让自己吃饱饭。"不行，我不行……"想到这里，拉维立即转身，用最快的速度朝着孟加拉榕树跑了回去。

"捕猎之王，这么快就回来了？"才德尔大声地嘲笑拉维道。

拉维一言不发地爬回了它最喜欢的藏身之处——孟加拉榕树后面地上的一个浅坑，在粗壮树根的掩盖下，这个浅坑几乎不能被人轻易发现。每当拉维需要静一静的时候，它都会来到这里。这时它用爪子把四周的叶子往中间推了推，然后趴在了上面，并把自己蜷成小小的一团。今天，拉维受够了雨林，受够了那两条条纹鬣狗，也受够了自己的"捕猎之王"梦。

拉文达尔用眼角的余光瞥见了孤单的拉维。它自己也不知道，它到底应该怎么帮助这个儿子。拉文达尔的家族世世代代都是卓有成就的捕猎之王，它自己也是这个领域的顶尖高手。"敢于进入雨林中的人，才能得到猎物"——这是拉文达尔家族一代一代传下来的生存哲理，也是这句话让它们一次又一次地踏上新的征程。可为什么偏偏它儿子却是这样的？拉维刚刚出生的时候，明明是个非常有活力的小家伙，它延续了拉文达尔一族的血脉。

拉维长大以后，它必须承认，作为家族的继承人，它没有得到父亲捕猎的勇气和技巧的传承。最致命的是，拉维没有继承父亲的勇气。拉文达尔也不知道该如何是好。有的时候，拉文达尔觉得它的儿子害怕捕猎；有的时候，它又觉得它的儿子贪图享乐。为了改变儿子，它孜孜不倦地尝试各种方法，并在捕猎的时候以身作则，为儿子示范。

只是，拉维总是逃跑，躲进它的浅坑里。不过，这还不是最坏的情况。作为一头成年的老虎，拉维还有满脑子奇奇怪怪不成熟的想法。本该用来捕猎的精力，全被它用来产生那些荒谬的想法，然后自己吓唬自己，害怕去雨林捕猎。拉维做得最多的事情就是四处游荡，"寻找猎物"。可它至今都还没有真刀真枪地练习过，那么它将如何找到自己的领地，又将如何处理领地中敌人对它的威胁呢？

在孟加拉榕树茂密的树冠上的金叶猴们，从一根树枝跳到另一根树枝上。它们发出吱吱的叫声把拉文达尔从沉思中拉回现实。当它抬头向上看去的时候，一只小猴正抓着一枝藤条从它的面前荡过去。那小猴的一只爪子紧紧地抓着一片树叶，另一只爪子又向前面的另一片饱满多汁的树叶伸去。老虎愤怒地大吼一声，小猴子吓得飞快地逃进了它的族群之中。

当落日接触到地平线的时候，拉文达尔站起身来，现在正是它捕猎的时间。为了让自己真正清醒过来，拉文达尔把身体抖动得呼呼作响，然后还长长地把身体拉伸了几下，最后它昂首阔步地走到了它儿子睡觉的地方。

拉维偷偷地观察着它的父亲，深深地悲叹了一声。拉文达尔到底有什么是它所不具备的？要是拉维朝着那些小猴子大吼，它们肯定还会继续跑来跑去，根本不会理会拉维，更有甚者也许还会在拉维的周围跳来跳去。可是，它的父亲只吼了一声，那些小猴子就全都乖乖地跑了。为了躲开父亲的目光，拉维快速地往浅坑深处缩了缩。

"出来，"拉文达尔喊道，刚刚它还看到了它儿子的尾巴呢，"雨林等着我们呢！我已经饿了。"

"今天我不想跟你去。"拉维顺嘴就回答道。

"你又要把时间浪费在你那些奇奇怪怪的主意上了？"拉文达尔的声音中带着明显的怒气。

"嗯……"拉维犹犹豫豫地不回答，希望父亲能够行行好放过它。

"马上出来！没见过一头老虎还得让别人抬着它去捕猎的，赶快出来！"

"现在的天气去打猎太热了。咱们还是再等等，等大雨下了以后再去吧。"

因为再也没有声音从浅坑里传出来了，拉文达尔只能一边摇头一边无奈地转身独自离去，它再也不想跟这个儿子浪费口舌了。在拉文达尔走进雨林之前，它向才德尔跟莫迪奥嚷道："等我回来的时候，这些腐肉都必须清理掉，这个地方必须变得干干净净的。"

两条条纹鬣狗立即夹着尾巴，老老实实地干起活来。

"拉文达尔带回新的猎物以前，咱们必须把这里的剩肉清理干净。" 才德尔一边指挥，一边埋头使劲啃着手中的骨头。

"我可吃过更好的东西，" 莫迪奥抱怨道，"我真不明白，为什么我们要听它的指挥。我们完全可以不做这些，反正总是有猛兽给我们剩下足够的食物。"

"你都不去自己捕猎。" 才德尔把声音从牙缝中挤出来，并气鼓鼓地看着正从浅坑里爬出来的拉维——这头畏首畏尾的年轻老虎，"按理说，我们的工作应该是你干。" 说完它们就又继续埋头干手上的活儿了，再也不看拉维一眼。

只要有什么不顺这两个家伙心的事儿发生，它们总会把责任全都推到它身上，拉维心想。不过，它们会改变想法的，因为总有一天自己会作为伟大的发明家，名垂"猛虎青史"的，拉维暗自道。

不想被冷落的拉维主动开口说："我想到了怎么能不费力气地捕获猎物的一个好主意。捕猎者再也不必跑出好几公里远，也不必费力地等上好几小时的猎物。"

那两条条纹鬣狗只是转了转眼珠，就又继续埋头大嚼，一心对付眼前的剩肉。

"在地上挖一个坑，"拉维一点儿也不介意地自顾自继续说，"我们可以事先在地上挖一个深坑，再用树枝和叶子盖上。只要有野兽走到上面，就会——'扑通'——掉进坑里。"

"如果没有人来，我们应该选择在哪里挖坑呢？随便哪里都行吗？"才德尔一边满不在乎地吧嗒着嘴一边问。莫迪奥也帮腔道："这个法子肯定不行，什么时候也行不通。这个馊主意也不能把你的雨林恐惧症治好啊……"

拉维垂头丧气地长叹："为什么我就不能做我想做的事情呢？"

"我也不明白，你到底是怎么回事儿。"才德尔打断拉维的话，"看起来，你根本没从拉文达尔身上继承它的本事。"

现在它们的关系就是这样——两条条纹鬣狗竟然敢取笑它，取笑一头老虎。幸亏它的父亲这个时候不在，否则又会因为拉维没能在其他动物面前树立起威严，发生一场不可避免的争吵。为了让父亲跟这两条条纹鬣狗尊重它，拉维必须要做些改变了。也许用陷阱捕猎确是个好主意呢。哪里白纸黑字地写着，老虎是必须怎么捕猎的？

因为那两条条纹鬣狗差不多已经吃饱了，又在忙着打扫场地，所以拉维朝着孟加拉榕树近旁的一小处空地慢慢地踱了过去。它常常在那里练习它父亲的捕猎技巧。大多数的时候，拉维都会无声地穿过灌木丛，匍匐前进到离它的猎物——一块倒在地上的树根——大约十米的地方，然后扑上去，两只前爪紧紧抱住树根，再用牙齿在上面使劲地撕咬。拉维用木桩练习的时候，每次都能成功。

这片空地是拉维完美的练习场，不但近而且很大。现在拉维把那块树根推到一边，开始挖坑。由于很长时间都没有下雨，所以当它用爪子飞快地在地上刨的时候，尘土被扬得到处都是。拉维一边不停地咳嗽一边还是不停地挖，直到它热得把舌头长长地吐了出来，才不得不停下来休息一下。"差得不多了。"缓了口气以后，拉维看着自己的作品给自己鼓劲道，"即使是头大象也够了吧。"

再次开始工作之后没过多长时间，拉维就听到有人在上面大声地叫它的名字。即使不能看到来人，拉维也能从声音听出来，那是它的父亲。"我在这儿……"它在洞的下面回答。

拉文达尔用爪子慢慢地拍了拍坑的边缘，当它看到地上有一堆小山一样的新鲜的泥土时，大喊道："这是什么东西？"

"一个陷阱。"拉维看着它几小时努力工作的结果，心中充满了自豪的感觉，"从现在开始，我们就不用再花那么长的时间穿越整个雨林去捕猎了。我们可以就坐在这里，等着猎物自己掉进来。"

"哦，那这个东西应该怎么用呢？"拉文达尔严厉地盯着洞里的儿子问道。

"啊，非常简单。你只要把猎物引到陷阱的旁边，它自己就会掉进去。"

拉文达尔被气得不行，后脖子上的毛都炸起来了。它冲着儿子吼道："这么荒谬的事情我还从来没听过呢。就为了不用去雨林捕猎，你能想出各种各样奇奇怪怪的主意。现在赶快从那里出来！"

"可是……我……"

"别废话。"拉文达尔打断它的回答道。

拉维在往上爬的时候，一直爬不上去，每次都又滑了下来。它试了很多次以后，难过地喊道："我爬不上去。"

"只知道建空中楼阁的人，就是自掘坟墓。为什么你跳进坑里之前就没想好应该怎么再从那里出来？"拉文达尔吼完以后就离开了那里，根本没有等拉维的回答。

"喂？帮帮我啊！"当拉维发现它父亲已经走了，就吓得大叫起来，心想父亲不会真的把自己一个人留在这里吧？拉文达尔的目光一直扫视着地面，并奋力清除倒在地上的灌木，直到找到它需要的东西——一根长长的软藤。为了把那根软藤从别的枝丫中拉出来，它使出全身的力气奋力拉。把软藤拉出以后，拉文达尔又把它衔在口中，走回陷阱处，并把软藤的一头放下陷阱。

"你咬住软藤，我把你拉上来。"

当拉维看到父亲再次出现在陷阱边上的时候，它感到心中一块大石落了地。可是，在上面用力拉拽的拉文达尔却恨不得连儿子带软藤都扔回到陷阱里去。

把拉维救出来以后，拉文达尔怒吼道："你挖洞的时候，脑子里想什么呢？"

"我就是希望……"

"满嘴胡扯！没有一头老虎是这样捕猎的。"拉文达尔批评儿子道。

"可是，为什么不呢？"拉维壮起胆子反问道，"用陷阱捕猎有什么错吗？"

"你就是想舒舒服服地等着，直到猎物自己掉进陷阱里。因为你的胡思乱想，咱们错过了最好的捕猎时间。"拉文达尔气愤地大步离开了那里。等到它发现它的儿子并没有跟上的时候，拉文达尔只得停下来，大吼道："别再抱什么不切实际的希望了，去雨林里吧！一头老虎享受的是捕获猎物的快乐。如果你想成功，最重要的就是到雨林中去。"

在接下来的几天中，孟加拉榕树下的气氛除了热带雨林闷热的天气以外，还有尴尬的沉默。拉文达尔心不在焉地待在它的树根床上。直到傍晚的第一缕微风吹起，带来一天里第一丝凉爽的时候，它才坐起身。当拉文达尔慵懒地舔着自己的爪子时，陷阱里发生的事情又浮现在它的脑海中。对拉维的愤怒又一次在它的心中升起。每个夜晚它都在雨林中与猎物搏斗，而它的儿子却在地下毫无意义地刨洞。现在正是对拉维提出严格要求的最好时机。一头老虎不能这样浪费它的精力。拉文达尔愤怒地用前爪狠狠地拍在那些树根上，而它正是依靠这对有力的前爪，才拥有了现在的地位。想到这里，它坚定地朝拉维挖的那个洞走去。

刚才还在灌木丛中打盹的两条条纹鬣狗好奇地抬头向上看去。

"哈，到底还是等到了。"莫迪奥小声说道，"我还以为它再也不会去捕猎了呢。"

"你给我出来！现在该去捕猎了！"拉文达尔刚走到它儿子睡觉地方的前面就大吼道。

"现在这个小家伙儿可要倒霉了。"才德尔轻声说道。

拉维把自己蜷缩到浅坑最深处的角落里。也许拉文达尔是对的，它心想，自己真是个毫无用处的废物，而且还丢了家族的脸。没有父亲的陪伴，自己在雨林中就会手足无措。拉维默不作声，并决定决不再走出这个浅坑半步。

"你给我出来！"拉文达尔的耐心已经耗尽，它把前爪伸进了浅坑里。

"它马上就有麻烦了。"才德尔在莫迪奥的耳边轻声道。"如果拉维是我的孩子，"莫迪奥回答道，"我就会用别的方法养育它。"接着，它朝着拉文达尔的方向喊道，"没有人在吗？它肯定又跑到地底下去捕猎了。"说到这里，莫迪奥费了好大的力气才压下自己哧哧的讥笑声。

拉文达尔无视传到耳朵里的讥讽，一边慢慢远去一边大声说道："谁要是不主动采取行动，就会被别人采取行动。给你最后一次机会：要么你现在就跟我一起去捕猎，要么从现在起你自己解决自己每天的食物。"

　　"英雄也越来越老了。"莫迪奥小声嘟囔着又躺了回去，"我就希望，它带回来的食物还能让咱们吃饱。"

　　拉维骂骂咧咧地爬出了它睡觉的地方，围着树不安地转圈。它的父亲呢？它怎么还没有结束捕猎回家？那两条条纹鬣狗站在通向雨林深处的斜坡上神经质地叫个不停。

　　"你们……你们不想过去看看是怎么回事儿吗？"拉维犹豫不决地建议道。

　　就在拉维焦躁不安地来回奔跑的时候，才德尔与莫迪奥已经跑远了。偶尔它也停下来一会儿，竖起耳朵仔细听周围的动静。那两条条纹鬣狗粗重的喘息声还能够隐隐听到，显然它们嗅到了什么东西的味道。

　　"就这样吧。"才德尔跑了几分钟以后喊道。

莫迪奥突然停下脚步，用鼻子在空气里使劲地嗅了嗅，说道："它不可能跑得更远了。"它又嗅了嗅，然后问道："你闻到什么味道了吗？"

才德尔跟莫迪奥一样，伸长了鼻子嗅着。"是人。"它说道。

两条条纹鬣狗高抬腿轻落步地穿过灌木丛，直到抵达一处林中空地，视野变得开阔了许多。然后它们两个肚皮贴着地面继续往前爬，最后钻进雨林边缘的一处茂密的灌木丛里。

"这药一会儿就该失效了。赶快把猎物放到车上。"

三个男人在一头被麻醉的老虎身边前前后后地忙着把它结结实实地捆绑起来，然后又把捆绑好的老虎沿着一块斜板拖上一辆有保护围栏的汽车。

"这头老虎至少有两百公斤。"其中一个人一边用肩膀擦掉额边的汗珠一边感叹道。

"我只希望在我们把它送进笼子以前不要醒过来。"站在斜板上紧挨着虎头的人说道，"我可不想在自己的胳膊里留下一颗老虎的牙齿。"

他们又是推又是拉，直到把那头老虎弄上铺着干草的汽车。突然，老虎的身子抽动了一下儿，三个男人连忙以最快的速度锁紧了铁笼的门。

"呼，刚才可真危险啊！"锁上笼子门的那个男人对他的同伴们大声说道。在他确认笼门锁紧以后，又小声地对着笼子里面说："嘿，大家伙，你会让我们发一笔小财的。"

笼子中的老虎再一次尝试站起身来。可是，它的腿依旧没有足够的力气。

"拉文达尔……"才德尔不禁脱口喊道。

"嘘！难道你想让他们也把我们一起抓走吗？"莫迪奥焦急地小声说道，"咱们必须离开这里。赶快！"

"那些条纹鬣狗……"拉文达尔嗅到了它们的气味并呻吟道。迷迷糊糊地它用力抬起头，使出全身的力气努力站起身来。最后当它站直身体以后，拉文达尔撞向铁笼并用尽身体里的最后一丝力气大吼道："嗷呜……阿姆巴。"然后它就全身一软，瘫倒在地了。

拉文达尔被抓走的消息像野火一样迅速地传开了。就在那两条条纹鬣狗跑回去，描述完整个突发事件以后，第一批爱看热闹的人就都跑出来了。它们使劲朝着被雨林包围着的孟加拉榕树那里看。

"你必须做点儿什么事情，拉维。"才德尔和莫奥迪焦急地围着孟加拉榕树跑圈儿。

"别着急。"拉维安慰这两条鬣狗，"我父亲一定会回来的。"

"别做白日梦了！难道你还没有听明白吗？他们把你父亲抓起来了。"才德尔愤怒地一边大口大口地呼吸一边大喊道，"不用多长时间，周围的老虎就会来占领拉维的地盘了。"

"没准儿巴尔已经在窥探了！"莫迪奥也大喊道。

拉维爪子上的毛都开始颤抖了。巴尔曾经是拉文达尔最大的竞争者。它也不止一次地试图让拉维陷入进退两难的境地。然而每一次它的父亲都会向巴尔展示自己的威风——当然根本不必搏斗，拉文达尔只需要把身体直立起来，再吼上几声。

现在拉维觉得口干舌燥。它正面临着一个非常严峻的问题。它应该如何沿着父亲传奇荣耀的足迹走下去？它应该如何继承父亲的领地？它又该如何保护这块领地？说到底，它既没有父亲的经验，也没

有父亲的勇气。

"我真不知道我们的处境会变成什么样。"才德尔叹息着萎靡不振地趴在拉文达尔睡觉的地方。莫迪奥也学着它的样子趴下身子。

"你们都出去！"拉维吼道。

两条条纹鬣狗充耳不闻地原地未动。

它的父亲从来不会容忍这样的行为。拉维犹豫不决地啃咬着自己的爪子，因为就眼前的情况来说，它并不确定自己应该如何应对。"你们都出去！"它又软绵绵地重复了一遍刚才的话。

"还有一件事情我不理解，"在莫迪奥终于找到一个舒适的地方之后，它问出了自己思考的问题，"拉文达尔说的阿姆巴是什么意思？"

"不知道。"对面的才德尔一边打呵欠一边回答道。

就在两条条纹鬣狗讨论拉文达尔最后一句令人困惑的话的时候，拉维又回到了它自己的洼地中，它需要安静地思考解决问题的办法。因为与那两条条纹鬣狗不同的是，拉维完全了解它父亲留下这条信息的意思。

太阳已经下山很久了，一阵细微的刮挠声将拉维从沉思中带了出来。它从树根与地面之间的缝隙偷望出去，不过它看到的情景一点儿也不让它高兴。就在拉维藏身的洼地几米远的地方，巴尔正靠着那棵孟加拉榕树舒展身体，并用前爪狠狠地抓挠树干，以展示它强壮的肌肉。在这个深深印进拉维脑海里的情景中，猛虎巴尔的身长看起来甚至超过了两米。两条条纹鬣狗夹着尾巴踱到那个外来者的身边，围着它转圈。

"你们在这儿犯什么傻呢？"巴尔吼道。

才德尔停了下来，从旁边看着巴尔开始窃笑。莫迪奥躺在地上蹬腿，直到才德尔偷偷地用后腿踢了踢它。

"你们俩不会说话了吗？"

才德尔想，千万不能看它的眼睛。为了掩饰自己的无措，它笨手笨脚地在地上嗅来嗅去。

"也好。"巴尔纵身一个虎跳跃过了头顶上的一根树枝，说道，"你们在这里的日子反正不多了。"这时它收回了自己的爪子，趾高气扬地向着树根丛中走去了。就在巴尔刚刚抵达拉文达尔睡觉的地方时，莫迪奥也跟来了。它使劲地嗅着巴尔的毛，并小心地把自己的头在巴尔的身上蹭来蹭去。巴尔不耐烦地摇动着尾巴，把这两条条纹鬣狗推开，"从现在开始，这个地方进入了新的时代。"

"可是，这里已经属于拉维了！"才德尔补充道。虽然它马上就后悔了，紧接着把头往回缩了缩，但巴尔还是气愤地一巴掌就把这两条多嘴的条纹鬣狗按倒在地。然后又用巨大的爪子压住两条鬣狗的脖子，问道："你们的话是什么意思？"

"这个……"被压得透不过气的才德尔挣扎着说，"拉文达尔的儿子……"

"它在哪儿？"巴尔松开了它的喉咙，说，"带我去它那儿。"

就在巴尔气得胸口起起伏伏，焦躁地走来走去的时候，才德尔跟莫迪奥两个歇斯底里地向浅坑里吼。空气里剑拔弩张的气氛一触即发。什么事情还都没有发生，这头老虎就已经气得快爆炸了。"啊啊啊！"它吼道，"滚出来，你这个胆小鬼！像个真正的爷们儿一样保护你自己的地盘。"

什么动静都没有。

"随你的便吧，"拉维的劲敌低吼着，"五天以后，当月亮升到孟加拉榕树的树顶时，我会回来。我要跟你比赛一次捕猎。谁能在第一缕阳光出现前捕到最多的猎物，谁就是这片领地的主人。而输了的人自动离开这里，永远。"

说完以后，巴尔又朝着浅坑里呼呼地吐了一阵气，才一边转身离开一边用威严的声音说道："你父亲可曾经是块硬骨头。它就像它的先辈们一样用牙齿和利爪把这块领地保护得非常好。"随着巴尔越走越远，它的声音也越来越小，"可是，你，我的朋友，你是我的早饭。"为了把它的要求更清楚明白地表达出来，在走进灌木丛以前，巴尔将它的尾巴翘了起来并把自己的气味洒留到孟加拉榕树的树干上。

"为什么你什么都不做？"巴尔的身影刚刚消失，莫迪奥就向着浅坑里急急地大叫。

"就是！"才德尔也怒吼道："你可是一头老虎啊！"它用爪子把几块石头扫进浅坑里，问道："现在我们会怎么样？"

在它的藏身之处拉维用了半夜的时间考虑应该如何摆脱目前棘手的窘境。可是无论如何它都想不出可行的解决办法。悲伤的拉维想起了它父亲被抓走前的时光。那个时候，它的生活是那么的安稳舒适。

拉维最喜爱那棵孟加拉榕树。吃饱肚子以后在树下打盹或者想象未来还会为它准备什么是它最爱做的事情。即便是它父亲总是给它带来压力，即便是那两条条纹鬣狗从来不说它什么好话，它也从来没有遇到过这么大的困难。拉维当然希望自己已经是一个捕猎能手。不过这个梦想对它来说可能有点儿遥不可及。除了自己的父亲以外，拉维还没有见过哪头猛兽真正能被称为捕猎专家。为什么自己一定要成为捕猎专家？

可是现在呢——这里不但有两条野生条纹鬣狗，还有一头龇牙咧嘴的猛虎——一切都太晚了。拉维现在自己一个人，它身边没有人能教它怎么正确地捕猎。这个时候，拉维的肚子还咕噜咕噜地大声响了起来。它沮丧地把自己的身子蜷了起来，自己该如何在没有父亲帮助的情况下找到食物呢？如果是拉文达尔的话，它是不会踌躇太久，就采取必要的行动的。

一头猛虎必须自己解决食物的问题，这是父亲反复对它说的。如果是拉文达尔的话，它一定不仅早就把巴尔从自己的领地里扔出去了，而且现在还已经又若无其事地踏上捕猎之路。"可是我到底应该怎么做呢？"拉维对着空气兀自问道。由于母亲的早逝，拉维体内的天然捕猎潜能没有得到及时的开发与训练。它既没有学习过如何追捕猎物，也没有学习过如何自我保护。拉维目前的处境相当不妙。

或者并非毫无转圜之机？它又想起了那两条条纹鬣狗所描述的，父亲在被抓走以前说的话。"阿姆巴。"拉维小声地重复拉文达尔给它留下的最后一条信息。它小的时候，父亲曾经无数次地在孟加拉榕树下给它讲关于这头充满智慧的母白老虎阿姆巴的故事。"从阿姆巴那一代开始，我们猛虎王朝的捕猎秘籍就被保护在高山的山顶。"父亲告诉拉维，"如果有一天你遇到棘手的问题，"它不厌其烦地重复相同的嘱咐，"你就沿着河流的方向往上走，直到找到那份秘籍。"

坐以待毙还是破釜沉舟？留在洼地里然后等着别人打上门来？又或者进山向智慧的阿姆巴学习捕猎的技术，并保护自己的领地？这头丧失了安全感的老虎，卧在洼地里跟自己谈判，同时寻找各种各样的借口支持自己留在洼地里的决定：学习捕猎技术，五天的时间太少了……而且还是跟一头年迈的母老虎学习，它自己肯定都已经很多年没有在雨林中捕猎了……谁需要这么大的领地呢？没准儿我可以跟巴尔商量商量，平分这块领地……如果它一定要当领地之王，那我就什么也不是了……

时间过去了几小时，拉维一直在为自己寻找不必去山上学习的借口。也许过几天拉文达尔就会毫发无伤地回来呢？或者那两条条纹鬣狗能把巴尔……不，这可不是什么好主意。

无所谓了，看起来无论它想什么办法，都必须在两条疯狗跟一头贪婪的猛虎之间选择一个。不论是输掉捕猎比赛还是在巴尔的统治下忍气吞声，导致的结果都是拉维再也没有得到食物的可能。这个肆无忌惮的侵略者肯定不会在捕猎的时候也给拉维捎带上点儿什么的。如果拉维想继续过从前熟悉的生活，它就必须为此做些事情。就算是为了它父亲，它也必须承担起这个责任。

"再怎么说我也是一头老虎！"拉维大吼一声，陌生的声音甚至把自己都吓到了。也许阿姆巴真的是它的救命稻草。如果它能教授拉维捕猎的本领，没准儿拉维真的能在捕猎比赛中获胜呢。否则的话，拉文达尔也不会让它爬到那么高的山上去。重新鼓足勇气以后，拉维把一只前爪探出了浅坑，可是紧接着它又把那只爪子收了回来。

"等一下，等一下。别这么莽撞，等一下……这件事情可得考虑好了。"它提醒自己道，洞外的雨林充满了危险。

"你什么都不会失去——除了时间。"拉维的脑海中响起父亲的声音。

它不能因为只是一时感受不到巴尔的扩张，就永无止境地在这个洼地里待下去。五天后就是最后通牒的期限了。只要拉维还想要保护它的领地，那么就没有别的选择——它必须踏上寻找阿姆巴的征程。即使它完全不知道应该怎么做才能找到阿姆巴。

就在最暗的黑夜过去以后，拉维小心翼翼地把头从浅坑里探到外面来。跟往常一样，这个时间的雨林四处都静悄悄的。大多数的猛兽都在深夜以前已经捕获完毕它们的猎物，现在正在沉睡。拉维甚至能够听到它们的呼噜声。随着鸟儿们早上唱出的第一首歌，雨林中的动物们也都将苏醒。深藏的恐惧慢慢地爬遍它的全身，拉维的四肢开始变得僵硬。

"你又要三十六计，走为上策吗？"

拉维的周身都被恐惧包围了。

"胆小鬼。"一个声音小声地说。

这句话只有一个人会对拉维说。在晨光中，拉维认出了身上长着稀稀落落木纹样条纹的才德尔。

"别给我添堵。"

"这个时间你想到哪里去？"

"我……我去山里……"

"你、你、你？"才德尔惊讶道，"你一个人穿过整个雨林？别逗我了！"为了强调自己的话，那条条纹鬣狗用最大的声音说道，"你真的确定，你能干成这件事？"它在大笑之前还使劲地摇了摇头。

刚刚在洼地里还心满意足地打着呼噜睡觉的莫迪奥把周围前前后后地打量一番以后，迷迷糊糊又口齿不太清晰地问道："出什么事儿了？"当它发现并没有什么危险以后，就又打着哈欠往回走。

拉维犹豫不决地站在原地。也许才德尔说得没错。它就是一个胆小鬼。现在它还哪里都没有去呢，它的心脏就已经跳到喉咙里了。在这种情况下，拉维又怎么能爬到山顶上去？

"我还有别的选择吗？"拉维哀叹着垂下了双肩，"这个捕猎比赛我肯定赢不了。"

"这倒是千真万确。"对面的才德尔在对话的过程中已经失去了兴趣。这个窝囊废什么也做不了，它永远也不会保护这片领地。如果它选择放弃的话，也许对大家都好。想到这里，才德尔也睡眼惺忪地朝着拉文达尔睡觉的树根洼地走去，在那里莫迪奥早已再次心满意足地进入梦乡了。"嗯，那么……"才德尔想到也许它再也不会见到这头老虎了，所以它向拉维喊道，"人们不应该阻止踏上旅途的人。"紧接着它就闭上了眼睛，一瞬间就跟莫迪奥一起打起了呼噜二重奏。

拉维一直走，直到日升中天，令人气闷的热浪将它团团包围。它走到一处灌木的阴凉处，把舌头从嘴里长长地伸出来，停下休息。如果这天真的能下一场大雨的话，拉维心想，气温应该会变得凉快一点儿吧。除此以外，这附近只有它独自一人，因为天看起来快要下雨了，一旦大雨下起来，是没有动物愿意从睡觉的窝里伸出哪怕是一只爪子的。

可是拉维没有时间停下来休息。它喘着粗气，小心翼翼地沿着一条被动物们走踏而成的贯穿雨林的窄路前进。时不时地拉维就看看自己的周围，检查是否有人跟踪。它最后一次来这里的时候，它的父亲想要把山脚下一处猎物丰富的地方指给它看。拉维站住脚，使劲抖了抖身子，因为那一夜噩梦般的记忆又浮现了出来。那个时候，它在拉文达尔的强迫下，脚步拖拉不情不愿地跟来。当它们来到山脚下的时候，它的父亲突然停下了脚步。

"从这里开始，你独自继续今天的捕猎。在上面有一些小水塘，总是有很多猎物在那附近休息。"

"我得爬上去？"拉维沿着斜坡望上去。为了能够让父亲改变主意，它一边用自己的头温柔地一下一下轻抚父亲的身侧，一边说道："只有我一个人吗？去离孟加拉榕树那么远的地方？"

不过拉维所有的请求都是无用功。它父亲不但没有给出儿子期望中的回应，反而昂首阔步沿着斜坡走了上去。"相信你捕猎的本能，你会找到属于自己的方法的。"拉文达尔在走进丛林深处前向拉维喊道。

拉维瞪大眼睛盯着父亲的背影。当它从最初的震惊中恢复以后，拉维追着自己的尾巴转了好几个圈。这是它在不知道下一步应该怎么做时的习惯，只不过这一次拉维并没有从中得到什么灵感。父亲身上的气味还弥漫在空气中。也许它就在附近的什么地方。可是，到底在哪里呢？拉维嗅着拉文达尔留下的味道前进。有一次它几乎要被自己踢开的鹅卵石绊倒。又向前走了几百米以后，拉维在丛林中看到了一副黄底褐色条纹的皮毛。它还从来没有由于看到另外一头老虎而如此兴奋过。在这天剩下的时间里，拉维都没有离开它父亲半步远。

现在，它又站在与那天相同的路上，准备进山——只不过这一次它完完全全是一个人。恐惧席卷它的全身，一直到每一根毛的末端。它不能捕猎，也不能保护自己，就更不要提什么冒险者的自信了。

拉维迟疑地将一只前爪放到另一只前爪旁边柔软的丛林地面上。地面上布满粗树枝、细树枝和落叶。每落下一步所发出的细小声音都能让它吓一跳。灌木丛中也不时传出原因不明的声响。

每当这个时候,拉维都会调整自己的步伐,因为它总是觉得有人在偷偷观察它。

当拉维到达河边的时候,它感到了一阵轻松,真是必须庆幸雨季还没有到来。拉维在干枯的河床上飞快地跑着。它使出全身的力气,能跑多快就跑多快,直到最终抵达那个应该有很多猎物休息的湖边。拉维四下看了一圈,却没有看到哪怕任何一只其他的动物。在山上它是彻彻底底的独自一人。拉维从湖里喝了一些水,以便压下火烧般的口渴,然后它又将一路长途跋涉受伤的爪子伸到湖水中舒展。

休息了一会儿之后,为了不必在河水中跋涉,拉维继续沿着河床向山顶走去。不过,几公里以后,河床边的小路越走越窄,拉维只得改变路线,从雨林里穿越。一阵凉风像利剑一样劈开雨林中令人窒息的闷热。又一阵冷风呼啸着穿过树梢。身上因运动而产生的热气一旦退去,拉维便感到难耐的寒冷。在这样的气温里,它的皮毛并不足够厚实。

它在丛林中毫无目的地乱走，直到越来越稀薄的空气迫使它不得不停下脚步。现在到底是什么时候了？拉维呼哧呼哧地喘着粗气抬头看天，企图弄清太阳的位置。就在这个时候，从一棵树后面突然蹿出了一个东西，吓得拉维向后倒退一大步。定下神它才看清，刚才不过是一只兔子从它面前横穿过去。没想到遇到山中野兔，反而自己才是"胆小的兔子"。拉维摇了摇头，开始继续自己的行程。

　　一小时之后，拉维抵达一座小山丘。这时它已经累得根本站不住，一下子跌卧在草地上。看着眼前依旧高耸入天的山峰，拉维泄气泄得连嘴角都向下挂了。顶部覆盖着白雪的山峦，在正午阳光的照射下显得雄伟庄严。

　　"我怎么才能在这里找到阿姆巴呢？"拉维自嘲地想：就休息一会儿，就休息一小会儿……它把头埋在两只前爪的中间，闭上了眼睛。当它感受到自己身上的皮毛传来的温度时，铅块一样沉重的疲惫席卷了拉维的全身。下一刻它就沉沉地坠入梦乡了，它睡得是那样的沉，以至于连身边传出的窸窣声也没有听见。

猛虎工作法精要：

在工作中，我们所处的环境，所面临的局面，不可能一直保持不变。变，才是工作的本质；变，就会带来相应的挑战；有了挑战，我们才会成长与进步，不管是主动的还是被动的。甚至相对于整个人类社会来说，同样如此，环境的不断变化，促使我们的祖先不断精进，从而使人类发展到了现今这种文明程度。

在父亲拉文达尔的护翼下，拉维一直处在自己的舒适区中。直到有一天，它的父亲被人捉走，它没有了依靠，所有的压力与挑战，都需要它来面对，它没有任何人可以依靠，在这种情况下，它别无选择，必须成长起来，否则它就可能被淘汰。

对于我们，也时常面临这样的情况，市场发生了变化，你需要及时调整自己的思维与行为，你可能需要去接触自己此前不熟悉或陌生的事务，这里面潜藏着各种风险，你本能地希望待在自己的舒适区，享受自己因熟悉而形成的安全感；你的领导或可依靠的人突然离开，或者你经过多年的努力，在所处层级已经做得非常优秀而被升职，这时你需要独当一面或对你能力提出了更高的要求——此刻，你就别无选择，必须顶上来。

变化，不光意味着风险，也意味着机会。在积极进取者眼中，变化是令人向往的！

◎一个捕猎之王在任何时刻，都能保持清醒的自控力。

"捕猎之王"需要时刻保持清醒的自控力，"工作达人"同样也需要，虽然"捕猎之王"称谓的是猛虎，"工作达人"描述的是人类，种群不同，但要求都是一样的。想要做成事情，清醒，能对自己的情绪、心理、行为等有较好的自我约束，以确保自己时刻处于冷静、客观的状态，从而使自己面对不断变化的形势，能够做出准确的判断，是必须要具备的能力和素养。

◎敢于进入雨林中的人，才能得到猎物。

"雨林"，在拉维的心中，是"恐惧"的代名词，是一个充满危险的地方，但是不进入雨林，是捕获不到猎物的，进入雨林是捕获猎物的前提。对于我们工作来说，也存在着我们自己的"雨林"——我们目前相对陌生或能力不及的领域，但你想获得更大的发展，你就必须要进入这领域。迎接挑战，是我们不断进步不断成长的必然要素。

◎停止幻想，走进雨林。

日常生活中，对一件事情充满各种美好幻想，但迟迟没有行动的情况，非常普遍，拉维式的人物，在我们身边也不少见。幻想，如果去付诸行动，就有可能变成现实；但如果不付诸行动，不走进"雨林"，那它最终也就仅仅是场"幻想"，想想而已，是镜中花、水中月。"走进雨林"，也是幻想派与行动派最大的区别，只有敢于走进

"雨林"的人，才能最终享受到梦想成真的喜悦。

◎一头猛虎必须自己解决食物的问题。

连自己的食物都解决不了，还配叫"猛虎"吗？解决不了自己食物的老虎，充其量就是一只很菜的老虎，简称"菜虎"，也就是我们人类常说的"菜鸟"。在虎界如此，在人类又何尝不是呢？这世界上没有救世主，在人类社会，你只能靠自己，如果你靠别人，经常会面临"靠山山倒，靠水水断"的尴尬境地。再者，好像没有一个人，是因为靠别人解决工作问题而成为工作达人的。

◎你什么都不会失去——除了时间。

勇敢去尝试吧，就像拉维一样，走出自己的舒适区，去迎接自己的挑战。你要明白，即便最后你没有取得想象中的成绩，你也有了进步。再退一万步说，你没有获得进步，那至少和目前一样，你也不损失什么，除了时间。去尝试，去尝试，去磨炼，是对自己最好的投资。要知道，练成了本事，你会身价倍增！有能力的人，何愁自己不能实现抱负？

◎相信你捕猎的本能，你会找到属于自己的方法。

曾有过统计，正常人之间智商的差别，不会太大。可为什么智商差别不是太大的人，在工作或社会中显现出了巨大的差异呢？这是因为，有的人找到了适合自己的方法，发挥出了自己的潜力；而有的人没有找到适合自己的套路，自己体内巨大的本能，没有被发掘出来。你要相信你的能力，你只需要找到属于自己的方法。那些牛人没什么了不起，你也OK，甚至比他们更出色！

第二章
求解：加盟能力训
练营

作为绝大多数正常人，彼此之间能力差别不是很大，但不可否认的事实是，在社会生活中，人与人之间的差距会非常大。每个人先天都是块金子，关键在于你能不能找到适合自己的套路，让自己发光，而不是将自己的能力埋没。

请带着以下问题阅读本章：

。你是否能跳出自己的思维框架，习惯于多听他人的意见？

。对于自己的优劣势，你有没有过客观认真的评估？

。决定进入新领域或进行新尝试，你会急于求成吗？

。在提升自我的道路上，你是否有自己的"导师"或智囊团？

。你对自己的未来或前途，究竟抱有多大的信心？

要么你按照我说的去做，要么你现在就离开这里。

——题记

　　"我等了你很久了。"一个低沉的声音把拉维从沉睡中唤醒。

　　"我……我这是在哪里？"它迷迷糊糊地开口。不待拉维把双眼完全睁开，一双冰冷碧蓝的眼睛就进入了它的视线。

　　"现在你在阿姆巴的捕猎领地。"白虎女士一边说一边迈着缓慢优美的步伐，围着拉维转圈。虽然阿姆巴早已从拉维身上的条纹认出它来，可还是问道："是什么风把你吹到我这里来的？"尽管这头年轻的老虎身上没有那么多强壮的肌肉，看起来也显得犹豫不决，但它的样子跟它父亲简直就像是从一个模子里刻出来的。仅仅上前嗅了一下儿，阿姆巴就想起了拉文达尔，那头很多很多年以前，疲惫不堪的、投奔它而来的大野猫。

　　"你一定要帮助我。"拉维向前跃了一小步，说道，"五天以后我必须参加一场捕猎比赛。获胜者将获得我父亲拉文达尔领地的所有权。你认识我父亲吧，是不是？"

阿姆巴摇着头问道："为什么你不能自己解决？"

"因为……"拉维停了下来，深吸了一口气，说道，"因为巴尔比我个子大得多、强壮得多、也快得多。"说着，它惭愧地垂下了目光，并小声地补充道："如果我被打败，那我就必须得离开我父亲的领地了。"

"我应该怎么帮助你呢？"

"据说你守护着我们祖先传下来的捕猎秘籍。"拉维一边回答一边抬起眼睛仔细地打量着站在自己面前的这位"传说"。它非常喜欢阿姆巴的眼睛。从它的目光中，拉维能够感受到温暖。不过这头身形消瘦、胡须花白的白虎女士到底能够帮助它什么，拉维真是一点儿想法也没有。现在到底距离它父亲最后一次见到自己有多长时间了？白虎女士暗自琢磨。"你必须把你知道的所有东西都教给我。"拉维甩掉心中的怀疑，说道，"越快越好。"

阿姆巴还从来没有见过这么焦虑的老虎呢。为了平复拉维的心情，它说道："别着急，一件事、一件事地慢慢说。"

"可是，我就要没有时间了！"拉维用乞求的声调说道。它与阿姆巴的会面并不完全符合拉维的想象。它个人的想象是，阿姆巴掌握着神秘的魔法力量。而拉维可以运用这些力量在比赛中打败巴尔，并以最快的速度重新过上以前它在孟加拉榕树下的悠闲生活。不过，现在看起来，它的愿望估计要落空了。

"别这么着急！"阿姆巴一边说着一边朝着拉维走过来，直到拉维能够感觉到它潮湿的呼吸："要么你按照我说的去做，要么你现在就离开这里。"

拉维把尾巴夹了起来，并且使劲地点了点头。

"跟我去我的山洞里面。我们可以在那里想想办法。"说着，阿姆巴便在前边迈着优雅的步伐朝着山顶走去了。"怎么了？"它停在高处的一块大石头前喊道，"难道你不是特别着急吗？"

拉维小声嘟囔着跟在它的新老师后面一起向山上走去。由于阿姆巴走得非常快，它与拉维之间的距离转眼就变得越来越大了。等到拉维走完最后几米路来到白虎女士的山洞前时，下午温暖的日光已经将洞前的草坪晒得暖洋洋的了。看着拉维，阿姆巴心想，这可是一项艰难的任务。这头年轻的老虎虽然拥有优秀的基因，但是它完全不在状态。

"现在咱们就去捕猎吗？"拉维大口大口地喘着粗气问道。

"不，咱们先休息一下儿。"阿姆巴深呼吸了一次以后答道，"在这个海拔空气非常稀薄，所以我们必须注意保存体力。"

"可是，我没有时间休息啊！"拉维焦躁地在阿姆巴的身边蹦来跳去。

"最后通牒上的比赛是在五天之后，所以我们还有四个夜晚的时间。这些时间足够了——当然，前提是学生跟它的老师有同样多的耐心。"在进洞休息以前，阿姆巴把深渊旁边的一块岩石指给目瞪口呆的拉维看，并说道："你可以在那块岩石的前面休息。等到太阳落山的时候，我们就可以开始上课了。"

猛虎工作法精要：

变化对于我们来说，既是机会又是挑战，但前提一定先是挑战，只有我们能够超越挑战，那迎接我们的就将是机会，否则就是困境。要想超越挑战，这就需要我们自身具备一定的实力。能力的提升有各种各样的方法，如果能有自己希望所提升领域的"导师"指导自己，那将是比较利好的事儿，专业化的培训，要比自己摸索有效得多。

拉维在面对挑战、需要提升自我的时候，想到的就是白虎女士阿姆巴，向其寻求帮助，希望它能指导自己。而阿姆巴也确实是一位经验丰富、效果显著的能力提升专家。拉维的父亲，就是在她的指导下，成长为闻名遐迩的"捕猎之王"的。

　　竞争残酷、物竞天择、工作压力大……这是我们每个人不得不面对的现状。与其去抱怨、与其去倾诉，不如去磨炼自己，将自己打造成强者。等你成为了强者，你再回过头来审视你面对的问题时，你会发现，这一切都是浮云，处理起来都是那么的简单，简单得就像家常便饭。在精进自我的过程中，要改进自己的思维方式，革旧鼎新，突破自我的思维局限，同时还不能太急功近利，毕竟再厉害的人，想要在某一方面有显著提高，也需要投入一定的时间和精力，才能有所谓的产出。

　　接受专业化的指导，是迅速提升自我的有效途径。迅速提升自我，是应对挑战的有效举措。

◎**它个人的想象是，阿姆巴掌握着神秘的魔法力量。**

　　自我能力的提升，是个踏实修炼、思维与行为方式不断优化的过程，绝对不可能依靠外界魔法力量去实现，绝对不可能有什么神奇药丸，自己吃一颗能力就瞬间爆棚。提升自我，是个系统性的工程，当你的能力一旦提升起来，你就进入了更高一个层级，而不会说忽然某天，你的能力值又掉了下来。所以，提升自我，是个靠谱又稳赚不赔的投资项目。那些牛人为什么那么牛？因为在你看不到的背后，他们在扎扎实实地修炼、精进自己。

◎ "别这么着急！"

着急，是人生常态；焦虑，再正常不过。我们无论做什么事情，都不能太过于着急，欲速则不达嘛。就像拉维，着急忙慌，希望阿姆巴能有灵丹妙药或魔法力量赐予它，可以使它瞬间就能打败巴尔，过上以前在他父亲护佑下那种轻松的生活。可事实上这是不现实的，事物自有其发展规律，能力提升也一样。只有可能迅速精进，但不可能一蹴而成。

◎ "可是，我没有时间休息啊！"

能力精进，虽然不可能一蹴而成，但也不能走入另外一个极端，该休息的时候要充分休息，时刻让自己处于比较好的状态，磨刀不误砍柴工。只有你的状态越好，你能力精进的速度才能越快。当你处于疲惫不堪、精力不济的状态时，你自我修炼的情况肯定不会好到哪里去。要下功夫提升自我，但绝不能搞疲劳战术。

第三章
实力飙升，就在此刻

现在，我们与拉维同学一道，来共同学习白虎女士阿姆巴切实有效的"猛虎工作法"能力提升课程。这套课程，培养出了诸如猛虎界"捕猎之王"拉文达尔这样优秀的学员。你我的能力精进，就由此开始。希望经过本套课程后，你能成为名副其实的工作达人，在出色完成工作的同时，还能平衡自己的梦想与生活，实现能力变现，财务自由！

请带着以下问题阅读本章:

○ 你是否有着清晰的目标，并有有效实现它的计划?

○ 当你被负面情绪困扰时，你会怎么办?

○ 想成功做事，旺盛的斗志必不可少，你是如何鼓起自己斗志的?

○ 对于所面临的问题，你是否能及时找到解决它的最有效的办法?

○ 在解决问题或做事的过程中，你是否有足够的耐心坚持不懈地推进下去?

进阶第1课　从目标做计划的技术

　　猛虎之所以去捕猎是因为饥饿。它明确地知道自己想要的结果，并且还能有前瞻性地向着目标推进计划。

——题记

　　当夕阳用血红色的晚霞把山峰团团包住的时候，阿姆巴在它洞前的草地上出现了。它先是使劲地伸了伸懒腰，然后又吼了几声叫醒它的学生。

　　"站起来！"看见这个学生没有什么反应，阿姆巴命令道，"现在是该完成第一个任务的时候了，让我看看你都会些什么。"

　　拉维则坐在自己的后腿上，充满期待地看着它的老师。

　　"看见落在你前边地面上的苍蝇了吗？用你的两只爪子抓住它。

但是，"阿姆巴抬起前爪强调自己所说的内容，"不许弄疼它。"

"呼。"拉维失望地吐出一口气，"这太简单了。要是只为了逮苍蝇，我根本不必来这里。"它懒懒洋洋地站起身来，又用前爪无奈地拍了几下草地。只是那只苍蝇毫不费力地就逃离了拉维的魔爪，然后围着那头目瞪口呆的老虎的头飞了几圈，最后若无其事地落在了草地上的一块大石头上。

"再来一次！"阿姆巴命令道。

拉维毫不情愿地再次趴在了苍蝇面前的草坪上。就在它思考这个练习对它有什么用处的时候，巴尔的最后通牒又浮现在它的脑海里。"我没有时间在这儿玩抓苍蝇游戏。"拉维生起气来。可是，就在它正准备发动第二次进攻时，那只苍蝇已经飞了起来，拉维根本没有碰到它一根汗毛。接着又是几个起飞、降落，这只小苍蝇已经把拉维气得七窍生烟了。拉维伤神地匍匐在小苍蝇的身后，可是无论它从哪个方向围堵，小苍蝇都能逃脱。它甚至还能在拉维的利爪落地前对爪子的主人扮个鬼脸。

"这不可能！"拉维气愤地大叫道，"这是个不可能完成的任务！猛兽的大爪是握不住小苍蝇的！就更不要说抓住一只活生生的了！"它也颇有自知之明地认为阿姆巴并不想说拉文达尔就能做到。

"如果你觉得……"

这个简短的句子却火上浇油地更加激怒拉维。它伸长了前爪，一边在空中挥舞着一边吼道："这次一定要成功！"说着，拉维直立起了身体，以它的后脚为轴转了一圈，并最终失去了重心。在摔倒的过程中，它还不小心伤到了苍蝇身体的侧面。小苍蝇终于落到了地面上。

"噢！"一声惊叫从拉维的口中逸出，它立刻不好意思地用爪子捂住了嘴。

"我说过了，不许弄疼它……"

拉维轻手轻脚地爬到小苍蝇的身边，用爪子轻轻地给它扇风。"嗨，振作起来啊……"它央求着小苍蝇。看到小苍蝇毫无反应之后，拉维担忧地在心里说道，别不回答我啊，不然的话，白虎女士就该让我走了。

看到小苍蝇摇摇晃晃地又飞了起来，并愤怒地飞走的时候，拉维着实松了一口气。阿姆巴从一个安全的位置通过山洞的入口，在一块岩石上密切地注视着外面发生的一切。

"到底出了什么问题？"

"呃……"拉维小声嘟囔道，"我太用力了？"

阿姆巴转了转眼睛。

"我太快了？"

阿姆巴没有说出答案的意思。

"哎哟！"

"你想赢得捕猎比赛，可是却连一只小苍蝇也抓不到，你知道这是为什么吗？"根本没有等拉维回答，阿姆巴就接着自顾自地说了下去，"因为你根本条理不清，眼里没有目标。"

"我有！"

阿姆巴把两只前爪交叠起来，说道："我听说……"

"我要成为捕猎之王。"

"这是为什么呢？"

"因为……因为……"拉维又结巴起来了，它自己也不知道这到底是为什么。关于这个问题它还没有认真思考过。

自从它的母亲消失以后，它最大的愿望就是成为跟它父亲一样伟大、一样强壮并且一样迅捷的猛虎。拉文达尔的无所畏惧总是令拉维叹为观止。假如有什么事情没有按照计划发展，它的父亲并不会过多地埋怨自己。它只会立即着手进行必须要做的事情。拉文达尔的锲而不舍与不达目的誓不罢休的精神最令人难忘。它从来不会被挫折打倒，而是继续捕猎，直到捕到足够的猎物为止。

拉维也想成为这样的猛虎，即使它根本不知道应该如何做才能达到这个目标。只是每到捕猎的时候，拉维要么根本不去，要么在遇到微不足道的困难时就放弃。现在它站在老师的面前万分沮丧地垂下双肩，郁闷地用爪子来来回回地划着脚下的地面。也许它根本就不配享受跟它父亲一样的成功。

"成功不是侥幸，"阿姆巴就像是能够听到拉维的想法一样对它说道，"它站在一条非常长的道路的尽头。这条路的另一端则是目标。一头猛虎不应该只是处理在它面前随机发生的事件，而是应该有条理清晰的计划。"

阿姆巴停顿了一下儿，以便能够找到合适的词汇来表达自己，而后它继续说道："我承认，成为捕猎之王的确是一个野心勃勃的愿望。如果你不知道到底应该怎么做才能达成这个愿望，我一点儿也不奇怪。"阿姆巴充满理解地看向拉维，又说道："你的目标越宏大或者说你的目标离你越远，它带给你的不确定感就越是强烈。你肯定为此承受着巨大的压力。"

拉维一边使劲点头，一边感到一阵轻松。

"别担心，"说着阿姆巴鼓励地拍了拍它学生的肩膀，"如果你能够把通往宏大目标的道路分成一小段一小段的，那么不能实现目标的恐惧就会离你远去了。这样的话，你将不会一直关注到底还有多远才能达到目标，你关注的永远是下一步应该做什么。"它又停顿了一下，以便拉维有时间消化它刚刚说的内容，然后阿姆巴问道："就目前来看，什么是最重要的？"

"是……是不是赢得捕猎比赛？"

"啊？！简直太有意思了。"阿姆巴装作非常惊讶的样子反问拉维道，"你知不知道，你刚刚从你的目标前面偏离过去？"

看到拉维只是迷惑不解地看着自己，阿姆巴只得解释道："你

想打败巴尔，并成为捕猎之王。不过实现这个目标的前提是你能够捕猎。而只有你先学习捕猎，你才能够捕猎，我说得对不对？"

这头年轻的老虎开始慢慢明白了。它兴奋地竖起尾巴，总结道："太对了！我到你这里来，就是为了学习捕猎的。"拉维不由得咧嘴一笑，继续说道："即使我并不明白为什么那只小苍蝇能帮我这个忙。"刚说完这句话，它的头就被狠狠地敲了一下儿。

"跟我来！"阿姆巴沿着草地的边缘，向着一棵树走过去。拉维则一边龇牙咧嘴揉着被敲疼的头，一边不紧不慢地跟在后面。

"咱们就先从你的愿望开始吧！用这个方法可以让你更好地体会。"阿姆巴站在一块光秃秃的石头上指着一个树桩说道，"把你的愿望按照这个顺序写下来。"

拉维立刻把爪子伸出来开始写它的愿望。刚刚写完，它就眼巴巴地看着阿姆巴。

"你写的这个可没有一只老虎能认出来。"看似责备的阿姆巴却朝着拉维挤挤眼睛，"你给我大声地念念吧。"

"第一个目标：学习捕猎；第二个目标：打败巴尔；第三个目

标：成为捕猎之王。”

　　阿姆巴的脸上绽开一个层层漾开的笑容。它摸了摸拉维的头说道："非常好。你设计的步骤我非常满意。现在你可以稍微休息一会儿了。我也要休息一会儿。"抬头看了看挂满繁星的天空，它又说道，"现在正是享受美味的时间。"

　　"现在？"拉维瞪大眼睛叫道，"在深夜里？"

　　"难道你不饿吗？"阿姆巴一边问一边走远了。

　　"饿是饿，可是……"拉维没能把话说出口，因为它正目瞪口呆地看着它的老师，把一丛跟它差不多高的灌木刨得到处都是，然后又用力地往外拉扯着什么。那肯定是以前的某个夜晚阿姆巴藏在那里的猎物。口水在拉维的嘴里汹涌地汇聚，至少有两天它没有吃过什么东西了。肉的香味魔法般地朝着拉维飘荡过来，香味就停在它的鼻子前。它张大了嘴，正要下去，阿姆巴却突然一下子又把食物抽回到自己的两爪中间，开始大嚼起来，还大声地吧唧着。

　　"你这是做什么？！"拉维一边生气地大吼一边朝着夜宵的方向伸长脖子。

"对于不愿意捕猎的人来说，你的胃口可真是好得很啊。"

"我的父亲就会跟我分享。"拉维弱弱地反驳道。

"可我不是你的父亲啊！"阿姆巴理直气壮地反驳道，并且继续旁若无人地对付它的食物。拉维用眼角的余光密切关注着阿姆巴的每一次咀嚼。

"你还要干什么？"由于不习惯在吃饭的时候被别人这样目不转睛地盯着看，白虎女士的嘴里发出一阵不耐烦的呼噜声，向它的学生表示抗议。

等到阿姆巴享受完自己的食物，又将爪子仔仔细细地舔干净以后，才向拉维走过来。而拉维早在听到命令后就老老实实地转过身去，背向老师。

"饥饿会让你动起来。"听到老师的话，拉维一跃而起，迎着老师走上前去。"饥饿比个头、强壮与速度都更加重要。没有什么能够阻挡一头饥饿的老虎。它将会自主学习并在实践中成长。没有困难，也没有失败能够阻挡住它，因为饥饿正在折磨着它。"阿姆巴一边用舌头舔着嘴边，一边说道，"一头吃饱的猛虎在危险面前也会逃开。饱腹感让它变得怠惰、贪图安逸与粗心大意，就像你一样。"

虽然不情愿，但拉维必须承认阿姆巴说得没错。拉维总是用父亲猎获的食物填饱自己的肚子，也因此总是在捕猎的关键时刻不能坚定地咬下最关键的一口。拉文达尔也常常就此责备它。可是那个时候，父亲的话对拉维来说就像瀑布里的水流——飞快地从左耳进又从右耳出了。不过，现在这种独自一人在这样一个完全陌生的地方，而且饿得前胸贴后背的情况只能让它明白一个道理：没有饥饿就没有拼搏。而没有拼搏就没有食物。从胃里传出来的咕噜咕噜的轰鸣声完全颠覆了拉维的认知。

"你肚子咕咕叫的声音可真是够响的啊。这非常好！"阿姆巴评论道，"这可是你继续完成你的任务必不可少的前提。"它招来一只小苍蝇，并补充道："直到现在你每次都是等我们这只小苍蝇开始飞行以后，才采取相应的措施。从现在开始，你必须学会预测它将会往哪个方向飞。"

"啊？"拉维迷惑不解地挠着自己的耳朵，问道，"你说的到底是什么意思？"

"你必须学会把你的捕猎计划从结果向着开始计划。假如你完全没有计划地启动，那么你将永远不能实现你的目标。"

"可是我根本不能知道最后将发生什么啊。"

"这恰恰就是你的问题。一个成功的捕猎之王会站在它的猎物将要抵达的地方，而不是它的猎物正位于的地方。然后它才可以开始捕猎。"

拉维依旧懵懵懂懂地摆了摆头。

"你看，"阿姆巴弯下腰，把小苍蝇轻轻地扣在爪子下，指着它小小的头说道，"它圆圆的眼睛能够看到各个方向，所以它能够在非常短的时间内就对外界做出反应。假如你悄悄地从后面接近它，那么早在你觉察之前，它就看到你了。"

"啊？"

"要是想抓到这只小苍蝇，你必须知道，它要往哪个方向飞。如果苍蝇发现周围有危险，那么它的身体就会做好逃跑的准备，而它逃跑的方向一定是与危险来源相反的方向。也就是说，如果你的爪子是从前面伸出来，那它一定向后飞；如果你的爪子从后边伸出来，那么它一定向前飞。"

"我觉得我好像开始明白你的意思了。"拉维在空中挥舞着前爪，并兴致颇高地追逐着随着它的动作，也在地面上动来动去的影子。"如果我能提前发现小苍蝇要往哪个方向飞，那么它就不能躲过我的追捕，因为我已经在那里等着它了。"说到这里，拉维兴奋地举起一只前爪，等着跟阿姆巴击掌相庆。

"完全正确！"阿姆巴一边大声称赞，一边也伸出一只前爪，高兴地拍在了拉维举起的前爪上，"现在你就可以用这只小苍蝇试一试。"阿姆巴建议道。

拉维尝试了三次以后，小苍蝇依旧在空中自由自在地飞舞着。而拉维已经没有了继续尝试的兴趣，它万分沮丧地趴在了草地上。

"怎么了？"阿姆巴问道。

"我永远也成不了一名捕猎之王。"拉维一边自怨自艾，一边难过地把鼻子埋进草丛里。

"熟能生巧。谁也不能一下子就成功。如果你能在猎物之前到达它想到的地方，那么你就做到了解它了。别太着急，完全理解我们祖先的教诲是需要一些时间的。"

当一只小公夜莺将它最美的歌声洒遍整座山岗的时候，阿姆巴竖起耳朵听了听，"已经这么晚了？"它一边自言自语一边打了一个大大的哈欠，"今天晚上我们就到这里吧。当然你还可以跟你的小新朋友再练习一会儿。"说完，阿姆巴朝小苍蝇点了点头，就直接走进它的洞穴中去了。

拉维想着，阿姆巴肯定马上就又会出现的，所以它依旧站在原地没有动。也许它的老师只是想考验一下儿它的忍耐力。小苍蝇又一次戏弄拉维般地朝着它飞了过去。然而这一次拉维真的动怒了。为了能够安静地观察阿姆巴的洞穴入口，拉维呼呼有声地将爪子挥向小苍蝇，直到它自己飞走。由于到底也没有等到阿姆巴出来，拉维最终还是放弃了，它趴在了那块岩石的前边。在那里拉维气得恶狠狠地看着层层山峦，为了向白虎女士学习捕猎，它走了这么远的路，而它的老师只是让它练习抓苍蝇。

猛虎工作法精要：

我们都会制定目标，但如何制定出清晰有效的目标呢？对于目标，我们一定要基于自己最真实最迫切的需求，这样你才会有强大的动力，去想尽一切办法完成它。也就是说，不完成这个目标，你就面临着巨大的过不去的坎儿，现实逼迫着你去越过这个坎儿。只有没有退路的目标，才是最有可能实现的目标。

对于拉维来说，在阿姆巴的指点下，它的目标就清晰明确起来。它需要有获取食物的能力。获取不了食物，它就面临着被饿死的危险。所以，获取食物是建立在它最真实最无可逃避的需求之上的。要想拥有获取食物的能力，它只有两条路可以走，一条路是自己练就捕猎的技能，一条就是依靠其他老虎的施舍，比如其父亲拉文达尔在的时候对它的供养。但现在它的靠山没了，它就必须依靠自己。在这种没有其他选择、它必须依靠自己获取食物的情况下，如果获取不了食物，它可能就面临着死亡的威胁，你说它能达成这个目标吗？一定能达成，它会玩了命地想办法达成。因为要么生，要么死，不管什么物种，生存的欲望都是最强大的。所以，你的目标一定要建立在你最强大欲望的基础之上。

光有清晰的目标，还是不行的。你还必须要有实现这目标的有效计划，也就是需要将这个总的目标分解成几个小目标，然后分阶段地进行完成。就像拉维一样，要想拥有获取食物的能力，在无依靠的情况下，就需要自己练就捕猎的本领。练就捕猎的本领，需要哪几方面能力做支撑，将这几方面能力练好，捕猎的本领也就自然练成了。这就是有效分解目标。

◎成功不是侥幸。成功站在一条非常长的道路的尽头，这条路的另一端则是目标。

成功确实不是侥幸，而是依据清晰的路径，一步一步稳健扎实地做出来的。路的两端，一端是目标，一端是成功，你从目标出发，按照可有效执行目标的分解计划一步一步往前走，等你将所有分解计划做到位之后，你的目标也就实现了，这时一抬头，你就会发现，你已经抵达路的另一端——成功！

◎**如果你能够把通往宏大目标的路分成一个个小段，那么恐惧和不安就会离你远去了。**

宏大的目标，或者说总目标不分解，谁都会手足无措，不知道该从什么地方入手，因而心里就会产生畏惧感，就会产生不安，心里就会没底。将宏大的目标进行细致的分解，分解成一个个清晰的可落地可执行的小目标之后，你就会看清楚实现宏大目标的具体有效的路径，这样你的心里才会踏实起来，才不会再恐惧，不会再不安。

◎**没有什么能够阻挡一头饥饿的老虎。**

没有什么能够阻挡一头饥饿的老虎，这话确实很到位。当一头老虎因为饥饿而百爪挠心面临生存威胁时，它的爆发力将是惊人的。在中国历史上，也有过这样的案例，就是"背水一战"。背水而战，没有退路，要么打败敌人，要么被敌人消灭——这种情况下，你怎么选择？毫无疑问，是个人都会选择打败敌人。当你最真实的需求被激起，且没有退路时，你会拼了老命完成这件事儿！

◎如果你能在猎物之前到达它要到的地方，那么你就做到了了解它。

做任何一项事情，充分了解情况，非常重要，也是必须要做到的。"知己知彼，百战不殆"，只有完全熟悉了情况，你才能根据自己所要达到的目标，而制定符合实际情况的有效策略。不然，你制定的方式和方法，肯定会因不符实际情况而"水土不服"，状况频出，最后达不到想要的效果。

进阶第2课　如何克服心理的障碍

一头猛虎，能够在捕猎中调整自己的身体状态。它能够时刻平衡自己的力量和意志力，以克服所有的困难。

——题记

第二天一整天，拉维都是要么在它的大石头前面打盹，要么百无聊赖地在灌木丛中踱来踱去。不过，它活动的范围不会让阿姆巴的洞穴离开自己的视线范围。只是，老白虎女士到底在哪里呢？拉维情绪低落地呼呼向外吹气。它的牢骚随着等待阿姆巴的时间每一小时都在不停增长。拉维完全没有想过，它将在白虎女士这里如此度过这些日子。

毫无疑问，漫长的等待让拉维练习的时间变得越来越短。阿姆巴至少应该教给它几招，好让它在与巴尔对决的时候能够支撑上一阵子。假如阿姆巴现在不立刻出现，教给拉维几招致命的本领，那么捕猎比赛根本不必开始，拉维就已经输定了。

小苍蝇飞来飞去发出的嗡嗡声打断了拉维本就不甚清晰的思路。"让我一个人安安静静地待着，"拉维一边低吼一边把它的前爪在空气中来回挥舞，"我可没有什么兴趣跟你玩儿什么官兵抓强盗的游戏。"所以，小苍蝇刚飞走，拉维就郁闷地把头埋在两只前爪间，努力睡着。

虽然阿姆巴并非一整天什么都没有做，可是一直到晚上都没有从它的洞穴里传出什么声响来。它在暗处密切注视它的学生已经有几小时的时间了。它卧在草坪上警惕的样子，就像是一只正在防范天敌的猎物，虽然它本该在那里养精蓄锐。如果让它穿越灌木丛，那么它什么都可以做，只是除了捕猎以外。

事实上拉维拥有成为一名捕猎之王的卓越的先天条件：它正值当年，出身于一个捕猎之王世家，而且还生活在雨林中最大的捕猎势力范围之内。它的身体很长，即使站着的时候并没有它的父亲那么高；它很强壮，即使并不如巴尔那么肌肉发达；它的速度也很快，即使追赶不上小苍蝇闪电般的敏捷。它的身体素质没有任何缺陷。除此以外，它的思维还非常活跃，而且还总是有好主意。

总而言之：这头老虎拥有相当大的潜力，只是它不能把自己的思想跟行为联系起来。这也就毫不意外，为什么它连试都没有试就认为会在捕猎比赛中被打败。

　　事实上，拉维从来没有勇气在自己的生活中承担什么责任，它一直生活在它父亲的阴影中。它根本不用迈出自己的舒适区域一步，就可以吃饱肚子。这也就是为什么拉维总是极其轻易地就感到恐惧，而阿姆巴在对它的训练中不能心软。阿姆巴必须教会拉维在面对雨林生活时，能够有更多的自信与掌控的能力。要是拉维想掌握这些本领，它还远远没有达到激发自己潜能极限的地步。

　　"现在就是你克服自己弱点的时候了。"阿姆巴在深夜的雨林中低声自语道，"为了给你自己更大的空间，你必须敢于开辟新的领地。"它满意地打了一个响鼻，走出了自己的洞穴。"新的一天，新的运气！"阿姆巴一边朝着拉维的方向纵身跃去，一边喊道，"你赶快站起来！今天夜里咱们到别的地方转转去。"

　　阿姆巴迈着有力的步子，穿过它洞穴周围的灌木从走过来，然后轻盈地一跃就到达了山崖的上面。拉维费了很大的力气才能在这条不寻常的路线上跟上白虎女士。为了保证自己不会一脚踏空或者滑倒，拉维每走一步都要先用爪子试一试它将踩上的石块是否安全。

"你没有必要检查每一步的安全性。"阿姆巴告诫它的学生道，"在这里像你这样强壮的猛虎是不会有什么危险的。赶快上来！在更高的地方有不可思议的景色在等着我们呢！"

　　"说实话，上面的景色怎么样我根本不在乎。"拉维迈着机械的步伐，气喘吁吁地跟在后边。不过，当它抵达山顶环顾四周的时候，它必须承认阿姆巴说得完全没错。在它们现在所站的位置上能够看到洒满月光的连绵山峦，无尽的苍穹中缀满了点点繁星。一老一少两头老虎无言并肩地站在一起，共同望向远方。

　　"在下面的某一个地方，巴尔正等着我。"拉维不禁悲从中来，接下来它又说道，"不过从这里看，整片雨林显得那么渺小。而我的问题也变得不再那么糟糕了。"

　　"让你这样想的原因非常简单：能纵观全局的人，不会固执己见。假如有谁跟你一样承受如此巨大的压力，它们也会失去纵观全局的能力。在这种情况下，只有一件事情能帮助你，就是——转换视角。从高处俯瞰的时候，一切都会变得渺小。"阿姆巴拍了拍前爪，说道，"咱们说得已经够多了，你的第二项任务还在等你去完成呢。"说完这句话，它就朝着这块高地中间唯一的一棵雪松跑了过去，然后停在了这棵高大茂盛的松树前。这棵雪松在大约视线高的地方横生出一根粗壮的分枝。

"你想让我做什么？打死那只小苍蝇吗？"

阿姆巴飞快地用力敲了一下儿拉维的脑袋。

"哎哟！你干什么打我？"

"别再问没用的问题，赶快过来斩断这根枝干。"

"斩断枝干？可是它这么粗！"虽然拉维的眼睛中闪现出一丝少见的专注，可它的第一反应还是选择抱怨。

"你是不是太悲观了啊？你还根本没有试过呢！"

"这么粗的一根树枝，没有人能用一掌就打断的。即便可以，也太危险了，因为……"

阿姆巴抬起前爪停在空中，以便让拉维住嘴，然后说道："为什么你每一次都在尝试以前就认定失败？"

"我觉得这比事后再承受巨大的失望心里要好过得多。假如我在这里把爪子折断，那么跟巴尔的比赛我必输无疑！那个时候说什么都来不及了！"

"你看，这正是我刚才说的。在你自己尝试以前，你根本不能知道，这件事情是否能够成功。这些先入为主的想法会消磨你的意志力，而后在这些莫名的恐惧下，你就完全丧失了迈出第一步的勇气！"

拉维紧张得使劲闭了几下眼睛，然后好像故意要向谁证明似的，狠狠地往那根粗树枝上打了几下。当然了，什么也没有发生。只有落在树枝前端的小苍蝇，满脸不解地看了看拉维，飞了起来，为了避免危险发生在自己身上。

"你看见没有！这根本不行！"拉维顽固地向阿姆巴喊道。

阿姆巴则费了很大的力气才忍住没有笑出声来。它果断地说道："多想想可行的办法和结果，别总想着困难和灾难。一名捕猎之王要相信自己的能力，并坚信它的计划能够成功。明确你面临的挑战，有目的地运用你的能力。如果你真的想打断这根树枝，那么你就能够想到解决这个问题的方法。"

拉维重新调整自己，再一次击打树枝。"真是可恶！"拉维愤怒地低吼，因为除了晃了几晃，那根树枝一点儿事也没有，"一只小苍蝇也许能够挥手一抓就逮到，可是这么粗的一根树枝根本不可能只打

一下就断掉。这根本不可能！"

"你用不用我给你演示你消耗自己力量的举措？"阿姆巴没有直接回答拉维的问题，而是一下子跃到了地面上，一边举着四只爪子在空中乱抓，一边哭喊道，"这件事情总是不成！这件事情我干不了！"说完，它就跟躺下的时候一样飞快地又站起身来，用严肃的声音继续说道："是谁告诉你，你干不了这件事情的？你必须在自我评价之前相信自己。"

认识到自己的错误以后，拉维把尾巴夹了起来。阿姆巴批评的话语让拉维想起了那两条条纹鬣狗也对它有过类似的评价。它并不甘心做一个只会叽叽歪歪抱怨的人，因为那样的行为与猛虎的身份并不相配。

"动起来，做给我看，告诉我你还有什么本事。"阿姆巴用激将法激怒它的学生，"超越你自己！"

重新鼓起勇气的拉维，狠狠地一掌击在那根粗大的树枝上。"我刚才说什么来着！"紧接着它就疼得一边来回揉搓着自己的爪子，一边大声叫道，"这就是个愚蠢的练习！"说完，拉维气呼呼地用后腿踢了一下儿这棵树的树干，以发泄自己的怨气。"我根本就不是一头真正的猛虎！"拉维负气地低吼，眼泪在它的眼眶中来回打转。为了摆脱强烈的自我怀疑情绪，它又跑到了这片高地的边缘，并向下面的山谷中望去。"我来这里到底是为了什么？"拉维一边哭泣一边继续揉着那只依旧生痛的前爪。

"当然是为了学习我们的祖先留下来的捕猎秘籍。"跟在拉维后面跑来的阿姆巴慈爱地把自己的爪子搭在它的肩上。阿姆巴热切地望着拉维的眼睛说道："你希望成为一名捕猎之王，难道不是吗？"拉维轻轻点了点头。"那你为什么一遇到困难就立即放弃呢？假如你想有一个飞跃性的变化，那么你就得做好打破一切成见的准备。"

"可是，我应该怎么做呢？"

"嗯，是啊。"阿姆巴平静地说道，"捕获一头羚羊要比克服一个困难容易得多。因为克服困难所需要的力量正是那些被你浪费的。你总是花费那么多的精力对我解释，为什么某件事情不能成功。你何不尝试一次，放下所有顾虑，设想事情一定会成功呢？乐观的人总是比悲观的人拥有更多的力量。"

一丝希望的微光在拉维的脸上闪过。它停下了揉搓疼痛的前爪，并竖起了耳朵。"克服你内心的阻碍，用你的力量来完成任务。"阿姆巴再次拍了拍拉维的肩膀，鼓励它道："现在你已经试验过了。至少你的前爪没有折断。"

"可是我的爪子还是很痛啊！"拉维又开始揉搓打疼的前爪。听到这里，阿姆巴一边用一只前爪上的指甲不引人注意地敲击着地面，一边想，这个家伙可真是固执得可以。"现在你是要再一次偏离你的目标，还是自己克服内心的障碍，学习信任你自己的能力？"它不耐烦地低吼道，"一名捕猎之王找得到自己的方法，一个胆小鬼则会在困难面前逃跑"。

拉维小声地放了一个屁，然后用几乎隐没在胡须里的声音嘟囔道："学习"。

"好。如果你能不再继续关注你爪子上的疼痛，那么你的爪子就能够自由地完成任务。我给你演示。"阿姆巴站在了那根树枝的前面，然后深深吸了一口气，把身子拉到最长的状态。就在它又吐出这口气的时候，阿姆巴也一掌利落地从中间劈开了那根树枝。"看到了吗？"它一边伸展身体取下了长得更高的一根树枝，一边说道，"你越是放松，就越是容易成功。你越是使用蛮力，你的爪子就打得越疼。"阿姆巴把那根树枝放到拉维面前，然后站到了它的旁边，说道："现在该你了。"

当拉维走到能把那根树枝看清楚的地方时，说道："可是那上面有很多划痕啊。"

"啊哈，什么？"阿姆巴低啸道。

"有没有什么东西会妨碍你，"拉维缓慢地说出自己心中的疑问，"激发自己体内的力量？"

"什么……？"阿姆巴跳到高处，折下一根细树枝，然后递给拉维，并说道，"什么东西能够阻碍你，你把它们都写下来。"

拉维开始一点一点地回想它经历过的那些时刻，那些让它低估自己，让它感到恐惧的时刻。如果它找不到小水洼，那该怎么办？如果它迷路了，那该怎么办？如果它的父亲没有给它带回来足以果腹的猎物，那该怎么办？如果它遇到比它自己个头还大的猎物，那该怎么办？如果……那该怎么办？所有这些情景——早到从它还未离开过孟加拉榕树一步的时候——都像电影里的片段一样，一幕一幕地在拉维的脑海中回放。它捕猎的时候，从来不会满心欢喜，也从来都闻不到猎物的味道，相反它总是紧张得口干舌燥，因为它既害怕在捕猎中受伤，又担心空手而归。

拉维必须承认，它有一些心理障碍。而这些心理障碍都导致同一种感觉，那就是——恐惧。它把爪子上的指甲插进小树枝中，说道：
"对疼痛的恐惧。"接着又补充道，"对失败的恐惧。"

"对捕猎来说，恐惧不但一点儿帮助都没有，而且还会如绊脚石一样妨碍你和你能力的发挥。"说到这里，为了强调自己要表达的意思，阿姆巴停顿了一会儿才又继续道："自信是打开成功之门的第二把钥匙。每一头猛虎都与众不同，都有自己独特的专长。学习相信你自己。你不必变得跟你父亲或者巴尔或者任何一头老虎一样。你就是你——充满力量、头脑灵活而且乐于学习。我说得对不对？"

"嗯……对……"

"想成为一名捕猎之王，就必须拥有这三个先天条件。剩下的就只是练习了。相信我，我知道我在说什么。我已经训练过非常多的老虎。它们每一头跟每一头都不一样。每一头老虎对待新事物的态度也都不同。这一头可能更勇敢，那一头可能更暴躁，还有一头可能更保守……所以说，你根本不算是与众不同。只要你努力克服自己的弱点，那么你就有理由相信，你是有成功的希望的。"

"可是，为什么所有的人都认为，我没有成为捕猎之王的潜力？”

“这是谁说的？”

“呃……就是那两条条纹鬣狗……”

“有一条古老的猛虎谚语是这么说的：近墨者黑。难道说你最终想变成一条条纹鬣狗？”

拉维使劲地摇了摇头。

“那你为什么听信它们两个的话？”

这个问题把拉维问倒了，它不由得停下了一直在划树干的动作。是啊，到底是为什么？它们说得那么多，可是做得只是那一点点非做不可的事情。除了口头上鼓励拉维以外，它们从来也没把拉维当回事儿。为了能够填饱肚子，它们没少对拉维的父亲阿谀逢迎。为了能填饱自己的肚子，它们可以一刻都不耽误地将每一点儿靠近它们的食物抢到自己的身边。也许现在它们已经在父亲的领地里议论新的霸主了。拉维把爪子从树干上放下来，说道：“有的时候我甚至觉得，那两只条纹鬣狗认为它们是比老虎更高级的动物。”

"观察得非常仔细！"阿姆巴称赞道，"只是身上长着条纹并不表示它就是猛虎。当你面临困难的时候，它们也不能进一步帮助你。起决定性作用的是，你自己认为你是一个好的猎手还是一个坏的猎手。因为无论别人怎么评价你，你就是你心中设想的样子。"

"我不明白你的意思。"拉维说道，虽然事实上它听得非常明白。白虎女士的评语把它心中的旧伤口又撕开了。拉维非常不情愿地又想起了它困在自己所挖的陷阱中的那次灾难。它花费了那么长的时间才挖好的陷阱，只是由于它的父亲跟那两条条纹鬣狗，没有立即对它的作品产生兴趣，它们对那个陷阱的评价也许有合理的地方，也许根本就不合理。不过，由于拉维没有坚持自己的尝试，它永远也不会知道，那个陷阱是否会像它设想的那样有效。

"当你面对成功之路上的困难、愤怒或者恐惧的时候，你可以选择把它们解决掉。当然，你也可以把你的精力都浪费在愤怒与恐惧上。选择的权力永远都是握在你自己手上的。假如你相信自己及你的能力，并且还能坚定地在通向目标的路上前行，那么你就一定能够成为你想成为的人。"

"啊……"拉维长叹一声道，"需要一次做这么多事情啊！"紧接着它就打了一个呵欠，不过它克制得很好，没有让老师觉得太过

不妥。

　　为了让自己的学生能够小憩片刻，阿姆巴带着拉维穿过那块高地，来到一片积满雨水的小池塘前。它们两个先是一起喝了一会儿水，然后一起在明亮的月光下，盯着平静无波的水面，那里清楚地倒映着它们的脸庞。

　　"你看水面的时候看到了什么？"阿姆巴在宁静中开口问道。

　　"呃……"拉维的眼神已经胜过万语千言了。这头正在凝视自己样子的猛虎，已经不再是第一次看到自己并寻找自信的婴儿了。

　　"学习控制你恐惧的情绪与自己的弱点，否则的话，它们将会反过来控制你。而控制它们并没有看起来的那么难。事实上，你只需要使用自己的天赋和能力。谁要是能顺着它的天性行动，那么它自然就能够学会相信自己。只要你能够相信自己，那么就没有什么是不可能的。"阿姆巴看着它学生的眼睛说道，"一名真正的大师能够掌握它自己。这一点你可以从你父亲的身上看出来。"

　　"你说的是什么意思？"

　　"嗯，拉文达尔并非生下来就是捕猎之王的。它能成为捕猎之王也是一步一步经历了漫长的成长的。它到我这里来学习的时候……"

"它也曾经是你的学生？"拉维惊讶地低呼道。虽然它的父亲常常给拉维讲白虎女士的故事，可是它从来也没有提过自己曾经跟它学习过。

"它刚来我这里学习的时候，"阿姆巴没有任何停顿地继续讲下去，"它已经又大又强壮，而且还非常敏捷了。虽然非常凶猛，但它也非常没有耐心，不能明确目标。这种性格特点的组合并不容易训练。由于拉文达尔害怕自己不能成为最好的捕猎之王，所以它总是用力过猛，以致错过目标。"回忆到这里的时候，阿姆巴感叹着转了转眼睛又摇了摇头。"可是，最终你的父亲还是通过它自己的力量把它自身的问题克服了。"它一边说，一边来到拉维的面前，补充道，"设想你在水中看到的这张脸就是你父亲的，你看到什么了？你看到那双眼睛中的恐惧了吗？"

拉维摇了摇头。对自己父亲崭新的认识——领地中最成功的猛虎，也曾经像自己一样年轻又没有经验——让拉维对自己现状的定位不再那么悲观。这就说明，只要拉维努力练习，那么迟早有一天它也能成为捕猎之王。一直到现在，拉维都把雨林想象得比实际情况糟糕得多，以致它也从来没有在那里获得过真正的——好的——经历。

"说实话，活到这么大，我的行为方式一直都跟刚才击打树枝的情况相同。"拉维先停顿了一下儿，接着又补充道，"我想再尝试击打一次那根树枝。"

当拉维走到雪松枝的前面时，它使劲地压了压自己的腿，然后又放松身体上的每一块肌肉。

"假如你能够专注于最终的目标，而不是只看到面前的困难，那么你就有足够多的力量。"在拉维集中精力瞄准那根树枝正中间的时候，阿姆巴总结道。

"我能做到，我能做到。"这句话拉维对自己说了好几遍，"我一定会成为我想成为的捕猎之王。"说完，拉维慢慢地深吸了一口气，然后随着呼气的过程，一掌狠狠地击在了树枝上。树枝应声而断，落在地上的时候还发出了响亮的声音。它使劲地揉搓着自己的手掌，直到它突然发现，它的手掌一点儿也不疼。一阵狂喜传遍了它的全身。如此强烈的欢喜拉维还没有感受过。终于，它能够确定到山里来学习是一个正确的决定。它自豪地看着那断成两截的粗树枝，然后又把目光投向了它的老师。

"非常好！"白虎女士对它学生的成绩这样评价道，"今天我们可以结束训练了。现在也正好到了吃饭的时间。"说完，它兴奋地一边摇着尾巴，一边踏上了回家的路。

"太对了，现在我能吃掉一整头大象。"拉维回答的时候，它的肚子也大声地响了起来。可是就在拉维拔腿要跟上白虎女士的时候，它却毫无预兆地转过身来，命令拉维道："你不能回去！今天夜里你待在这里，就在这片高地上过夜。"

"可是……"拉维想咽下一口口水，只是眼下它的喉咙里干得冒烟。就在刚才它还是那么开心——可是现在呢？拉维担忧地四下看了看。高地这里一个可以让它藏身的地洞也没有，甚至连一处类似阿姆巴山洞前那样可以挡风的绝壁也没有。这里什么都没有，除了那棵孤零零的雪松。为了向老师证明它理解了所有训练的意义，拉维用力地将心中浮起的巨大恐惧通过干得冒烟的喉咙咽了下去，然后用颤抖的声音回答道："没问题，我试试，我会尽最大的努力的。"

"没有任何借口！没有任何尝试！你的年龄已经大到能够克服自己心中的恐惧了。"阿姆巴严厉地看着拉维道，"一头猛虎是没有天敌的，即使在一片陌生的地域也没有。你越是能够经常地从你自己的舒适区出来，你就能越多地感觉舒适。就拿那只小苍蝇来举例吧——它比你小得多，可是你抓不到它的这个事实还是耗尽了你的最后一丝理智。身体的大小并非先决条件。你应该跟那只小苍蝇一样：相信你自己的能力，在面对挑战的时候充满快乐与勇气。晚安。"

在那棵雪松下拉维把自己蜷成小小的一团，"我是一头强壮的老虎。"它自言自语地为自己打气。一个奇怪的声响让它把自己蜷得更紧。什么！难道它不是独自一个在这片高地上吗？拉维屏住了呼吸。这声响听起来难道不像是另一头老虎的呼吸吗？两道光从森林的边上射了进来。"你好，有人在那里吗？"拉维在黑暗中小声地问道。要是那两条条纹鬣狗和巴尔知道它来这里了，该怎么办？要是巴尔突然出现，不让阿姆巴训练自己，阻止自己为捕猎比赛做准备，又该怎么办？恐惧的感觉再一次充满它的全身，并紧紧地勒住它的脖子。拉维紧张不安地把后背紧紧地抵在树干上，费力地抗拒着困意睁大双眼。就在这时，一阵刺骨的寒风横扫过这片高地，也钻进了拉维的皮毛。

"呼……呼……呼……呼……"拉维警觉地竖起双耳，因为它又听到了那种喘息的声音，只是这一次离它更近了。它吓得惊跳起来。

这时喘息声变成了低吼。它到底是怎么找到我的？"我要回我洼地里的家。"在黑暗中拉维一边胡思乱想，一边拔腿逃离。"为什么没有人来帮助我？"它呜咽道。当在后脖颈处感觉到那个跟踪者潮湿的呼吸时，拉维大喊道："我什么都给你！我放弃了！"紧接着，它的肩膀就被人重重地拍了一下儿。"啊啊啊……"拉维失去了最后一丝理智，放声大喊起来。

猛虎工作法精要：

情绪，很多时候会决定我们的行为，对我们的精力使用产生着重要的影响。正面情绪会让我们乐观、积极，看到事情的光明面；而负面情绪，则会让我们消极、悲观、士气低下，甚至恐惧、崩溃，在结果还未出来之前就已先自我放弃。对于情绪的管控，很多情况下决定我们所做事情的成败。

拉维就是典型的例子，因为恐惧，它不敢走进雨林。其实，雨林中，就像白虎女士阿姆巴所说的那样，它是一头老虎，很少有兽类能把它怎么样。因为恐惧，导致了它不敢走进雨林；不敢走进雨林，它就无法在实战中练成自己的捕猎技能；无法练就捕猎技能，它就无法获取食物；无法获取食物，它就面临着生存的问题……因为恐惧，它形成了恶性循环，导致自己进入困境，无法走出。

我们在工作中也是如此，因为对于未知或创新心存疑虑，所以不敢大胆去尝试，而蜷缩在自己的舒适区过一天算一天，但外界环境在不断发生变化，慢慢地就导致了我们跟不上形势，或能力没有随着局面的改变而获得相应的提升或更新，这样我们就在工作中越来越力不从心，而面临着掉队或被淘汰的危险。

相信自己，只要将你的能力挖掘出来，你一定会出色地搞好方方面面的事情！

◎为了给你自己更大的空间，你必须敢于开辟新的领地。

在职场中，不同阶段都会面临不同的问题。当你是职场新人时，你需要向业务精英进化；当你成为业务精英时，你希望向着中层管理者进化；当你成为中层管理者时，你希望向着高层管理者进化……你想向业务精英或中高层管理者进化，就是为了给自己更大的空间，以满足自己物质或精神的更大需求，而向业务精英或中高层管理者进化，你就必须走出自己原来的认知范围、格局和能力空间，去了解作为业务精英或中高层管理者需要怎样的素质或要求，然后自己去开辟属于自己的新的"领地"，只有这样，你才能更上一层楼。

◎多想想可行的办法和结果，别总想着困难和灾难。

别老想着困难和灾难，想这些不光对你正在做的事没有任何帮助，还有可能会消磨你的意志，耗费你的精力。多想想可行的办法和结果，这样对你所做的事，有很大的促进作用。办法总比困难多，如果你愿意去想去琢磨，你一定能找到解决问题的办法。

◎一名捕猎之王会找到自己的方法；一个胆小鬼则会在困难面前逃跑。

所谓的工作达人，也就是"捕猎之王"，自有其成为工作达人所需具备的专业素养，在遇到困难时，他们一定会想办法去克服困难，他们一定会找到克服困难的有效措施，而不是像胆小鬼一定临阵脱逃。胆小鬼，是成为不了"捕猎之王"的。

◎一名真正的大师能够掌控它自己。

你想成为工作达人，或者"大师"，你就必须具有较强的自控力。如果你不能够掌控自我，你就经常会被情绪或外界因素所掌控，从而成为情绪的奴隶，外界因素的"阶下囚"。拥有较强的自控力，或掌控自我，是成为工作达人或强者的必备素质。

◎如果你能够专注于最终目标，而不是只看到面前的困难，那么你就拥有足够强的力量。

能够专注于最终目标，这就说明你很清楚自己想要的是什么。有了明确的方向，你就不会迷茫，不会彷徨，那么你就会非常笃定，非常自信，这就会使你形成非常好的良性循环。心中有梦，脚下就有路，有路就能走到远方。

进阶第3课　合理运用斗志的窍门

　　一头猛虎拥有厚重的毛皮，它永远顽强抵抗到最后一线生机。猛虎可以让步，但决不会放弃。

——题记

　　"你叫得那么大声做什么？"阿姆巴前后摇晃着它的学生。刚才就是它把前爪从背后搭到拉维的肩膀上的，"什么都没有发生，一直都是你自己吓唬自己。"

　　早已吓掉了魂魄的拉维喊道："在哪里？怎么回事？什么？"它一边揉着眼睛一边问道，"你在这里做什么？"

　　"上次我在洞前等你回来一直等到中午。所以，我觉得这次还是过来看看你比较好。"

拉维在刺眼的正午阳光中使劲地眨了眨眼睛，努力看清周围的情况。它使劲甩了甩身体。只是无论它做什么，都不能帮助自己从想象里尾随而至的巴尔幽灵所带来的恐惧中走出来。不可能击败一头比自己强壮并且有经验猛虎的恐惧又回来了，重新占据了它的内心。拉维长叹一声，把头深深地埋进了前爪中。"我就要失去那块领地了。永远地失去了。我要怎么跟我的父亲解释呢？"就在拉维想着自己可能搞砸一切的时候，它不由得小声地说了一句："如果它已经不在人世了呢？"

"满嘴胡扯！你想的那些悲惨的情景，是不会发生在你父亲的身上的。你这样胡思乱想，既不能帮助你父亲也不能帮助你自己。没准儿它正在计划逃跑或者已经在返回雨林的路上了呢。一头猛虎是不允许自己这么轻易被打败的。如果问谁是摆脱困境的高手，那么一定非拉文达尔莫属。至于你自己，自从你来到这里以后，你也得到了几次成功啊。"

拉维听得竖起了耳朵。它是如此愿意相信老师的话都是真的。

"你击断了一根粗树枝。"阿姆巴继续说道，"你还击败了恐惧——独自在隔绝的高地度过一夜。假如有人在几天以前告诉你，你能够胜任这些事情，你自己会相信吗？"

拉维摇了摇头。然后它坐起身来，深深地吸了一口山中的新鲜空气。一股舒服的感觉立即充满了它的全身。也许现在还不算太晚，它还有机会变成想成为的猛虎。今天以前，拉维只是将注意力放在不成功的事情上，而不是那些它成功解决的事情上——而这些正是一头患有雨林恐惧症的猛虎，在进山之后如此短的时间之内做到的。

"朝着危险进发吧，这是我常常对自己说的话。你自身拥有一切击败巴尔的能力。我根本不需要教给你什么技能，你只需遵循自己的捕猎本能，运用自己的能力，就不会有问题。在开始以前就放弃的人，是没有为成功做好准备的人。坚持到底的人，才能取得成功。真金不怕火炼，路遥才能知马力。"阿姆巴跑到高地的边缘，高喊道，"这样看起来你还远远没有发挥出自己的最大潜力。由于过去的阴影，你依旧太快就重新怀疑自己。由于这个原因，今天我们练习的内容就是坚持到底。我们去河边做这个练习。跟我来！"说完这句话，它纵身一跃而下。

拉维跟着阿姆巴也跳下悬崖，越过一块又一块的岩石抵达一条极为狭窄的小路。这条小路蜿蜒曲折地深入一座布满植被的小山坡。为了跟上它动作敏捷的老师，拉维不得不一路不停地往前冲。等到它终于追上阿姆巴之后，拉维沉默地小步快跑着，头脑中想的依旧是刚才老师对它说的话。阻挡它前进的不是那些客观的问题，而是它内心的恐惧。它只是没有学习过捕猎，但这并不能说明它永远不能成为一名捕猎之王。也许阿姆巴所说的坚持到底的能力，对它来说就是咬紧牙关直面恐惧，直到战胜它。想到这里，拉维紧了紧双肩，迈着坚定的步子，跑过了最后几米抵达小河边。

　　阿姆巴先是在河边巡视了一圈，直到它在对岸的丛林边，发现一群正在吃草的麋鹿。那群麋鹿一嗅到老虎的气味，就惊吓得立即四下逃散，在丛林中消失得无影无踪了。白虎女士攀上了一根斜插入水的树干。从那里它能够将河水周围的情况清楚地尽收眼底。然后，阿姆巴指了指自己的学生，示意它站到自己的旁边。

　　"你的第三项练习的任务比较棘手。"当拉维上来坐在它旁边的时候，阿姆巴说道，"等那些麋鹿再回来以后，你必须捕到它们中的一头。"

　　拉维长长地舒了一口气。它还一直担心自己的任务是捕捉一条鳄鱼呢。

　　"可是你不能到河的另一边伏击。"阿姆巴一边补充训练的要求，一边调皮地笑了一下儿。

"我就知道这里面肯定还有附加条件。"拉维小声地呻吟道。

"你想捕猎，现在正是你的机会。不过，等到那群麋鹿敢再次由丛林里出来，得等上一段时间了。"

拉维兴奋地跳下树干——终于能向老师证明，它在前两个夜里学到了新的东西，现在的自己已经不能与过去的同日而语了——快步跑向河边。"从结果向前制订捕猎计划。"在沿着河岸来来回回地跑的时候，拉维的嘴里念叨着学到的知识。"在河的这边狩猎根本没有用。因为只是一跃根本不能抵达河的对岸。"拉维停下脚步，"要是我游过河去，就会吓到猎物的。"它转过身对阿姆巴说道："这个办法根本行不通，我必须悄悄地到河对岸去。"

"不行。"阿姆巴反驳拉维的想法道，"河对岸的掩护不够好。你的猎物可一点儿也不愚蠢。假如那些麋鹿知道有一头猛虎在附近，它们是绝对不会靠近灌木丛的。再好好想想，你如何才能接近猎物！"

"嗯……我可以藏在水中等候猎物。"努力思考的时候，拉维的五官都皱到一起了。在冰冷的河水中等待猎物再次感觉安全，重新出现在河岸。"到那时候我的爪子都冻掉了。"它惊恐地说道。

"一项任务有多么棘手是你所不能够决定的。可是，你是否能够应对巨大的挑战却是你能够控制的。所以停止悲叹，开始动手吧，否则今天我们又没有食物可以吃了！"

伴随着阴沉的脸色拉维僵硬地走到河岸边，并把一只前爪伸进河水中。它本打算有意识地训练自己克服内心的恐惧，现在却要被困在河水里。河水的冰冷冻得它呼吸一窒。当它从最初的不适中恢复过来以后，便极不情愿地踏进了深及腹部的河里。拉维用最快的速度，游至距对岸大约半米的地方，在水中坐了下来。虽然这个时候它的四肢都冻僵了，但它还是坚持在这个位置耐心地等待着。

一小时的等待之后，拉维的耐心获得了应有的奖励。先是从灌木丛中传出了一阵声响，接着一头麋鹿缓缓地接近了河岸。为了能够随时纵身跃出，拉维绷紧了后腿上的肌肉。它的尾巴在紧张的情绪中也开始颤抖。这时在猎手与猎物之间仅剩几米的距离了。现在我要让你看看我到底有哪些本领，拉维想。同时，一阵尖锐的刺痛，从它的右后爪上传来。一场战役一触即发。千万不能被河水冻伤，自己终归是一头雨林猛虎，而非水生猛虎。拉维悄无声息地抬起了自己的下半身，并在水下甩了甩疼痛的后爪。

今天它要完成的任务，是练习坚持到底的能力。现在它离实现目

标只差那么一点点的距离，这个距离是拉维迄今为止最好的成绩。麋鹿是优秀的游泳健将。如果它能再耐心一些，也许会有一头麋鹿也下到水中来。拉维仿佛已经能够看到自己是如何口衔这样肥美的猎物在河岸上奔跑，又是如何将捕获的猎物放在老师爪前的。它的脸上甚至已经浮现出一丝笑意。如果它能一击即中的话，阿姆巴又会对它说些什么呢？

一阵令人厌烦的嗡嗡声，将拉维拉出了它的美梦。

"又是你！"拉维不动声色地小声对正在围着它的头一圈一圈飞着的小苍蝇呵斥道。而后者正忙着为即将开始的猎捕行动找一个贵宾席观看呢。"走开！"那只胆大包天的小飞虫，径直降落在拉维的右耳朵上。无论是无声地抖动耳朵还是向上轻声地"呼呼"吹气，都不能赶走那只小苍蝇。它自顾自地待在那里一动不动。

小苍蝇无视一头猛虎尊严的行为激怒了拉维，它刚想从水下伸出一只爪子去打那只小苍蝇，却又想起眼下自己还有更重要的事情要做。拉维认为还有一种可能性也不能排除，那就是这只小苍蝇根本就是阿姆巴派来考验自己的。拉维用眼角的余光看向河边的那根树干，它的老师正在那里密切注视着它的一举一动。从远处看起来，阿姆巴脸上的表情显得心情非常愉快。

"别动摇！"白虎女士几乎无声地自言自语道，"如果某件事情不能立即成功，那并非表示这件事情永远不会成功。这最多持续一小时。"

　　这只小苍蝇悠悠闲闲地从拉维的一只耳朵飞到另一只耳朵，一会儿飞起，一会儿落下，一会儿又飞起。它起起落落了三次，拉维一直咬牙忍耐着。小苍蝇每一次飞行的路线，都被拉维清清楚楚地看在眼里，虽然后者原本的计划并非抓住前者。这样的捣乱行为给拉维带来了不可遏制的怒火，它早已忘记自己藏在这条河中的原因了。

　　当小苍蝇第四次飞起，在拉维头上盘旋的时候，拉维的耐心已经到了尽头。"别跑，我一定能抓到你。你这个小浑蛋。"拉维一边怒吼着一边纵身跃出水面。在空中，它用两只前爪从两边拍向小苍蝇，不过差了几厘米的距离，拉维还是扑空了。随着一声巨响，拉维的整个身体都砸进了河里。那群麋鹿则以闪电般的速度，再一次跑回了它们藏身的丛林。

　　紧闭着双眼，拉维猛的一下浮出水面，向着河岸游去。在往岸上爬的时候，它两次从一块光滑的大石头上重新滑入水中。等它终于从那个倒霉的困境中逃出来后，站在干燥的地方，它咳嗽了好几声，还吐出了几口呛到肺里的水。

"太棒了！我必须说你真是一名潜水之王！"阿姆巴坐在高处一边鼓掌，一边大声说道。拉维则用力把水从由于湿透而紧贴在身上的毛中甩出去。

"嘿，注意点儿！你甩的水把我都溅湿了！"

"刚才是谁一直蹲在冰冷的河水里的？是你还是我？"

"喔喔喔，这里有人心情非常不好。"

"我努力尝试了。"拉维抢在老师批评它以前开口道，"可是，在水中伏击是根本不可能的。"由于对自己的表现感到又沮丧又羞愤，拉维甚至都不敢正眼看老师。

"一项任务失败的标志，是你选择放弃的时候。我应该怎么给你解释呢？嗯……"白虎女士将目光向河对岸投去，直到它被一处突出水面的岩石所吸引，"你看见河水中那些巨大的岩石了吗？那些磨损得相当严重的岩石。"

拉维点了点头，即使此时它依然非常想问，这些石头跟今天的训练有什么关系。

"水从不诉苦，水从不退缩，水也从不停滞不前。它坚定地、持之以恒地沿着自己的路径流向前，即使面前有巨石挡路。它也会安安静静地向前流去。”由于拉维看起来一脸迷惑，阿姆巴又补充道，“我想用这个例子说的是：像水一样行事。待在水里，然后想象，假如你能够成功，那样该有多高兴。”说完这个双重意义的结束语，阿姆巴的脸上闪过一丝微笑。

拉维并没有理解这句双关语对自己的讽刺，它正专心地走回河水里。又聚精会神伏击等待了一小时，终于有一只麋鹿再次走出丛林。它径直来到河边，恰好停在拉维一动不动藏身的地方。多么好啊，虽然拉维饿得肚子咕咕大叫，但是在水下发出的声音根本不能被在河边的麋鹿听到。这一次猎物如此触手可得，简直就像是预定的一样。突然拉维感觉背后有些痒，它把爪子伸到后腰处挠了挠，可是瘙痒的感觉并没有停止。拉维沿着河底向身后望去，它看到一条长长的东西正围着它前前后后地活动。一条蛇！拉维被恶心得跳了起来，狼狈至极地连跑带跳地蹿回岸边。正在吃草的麋鹿群发觉危险的信号，全部逃进了丛林中。

“这一次又是什么原因啊？”它的学生刚刚从河里出来，阿姆巴就疲倦地问道。它沉重地呼吸着，继续说道：“如果你一直这样下去，那我们今天晚上就没有东西吃了。为了捕获猎物猎人必须能无视干扰地守候。你总是重复地犯相同的错误，你必须得长记性，改掉坏习惯。"

"可是，刚才那里有一条大蛇……"浑身湿透的拉维一边跺脚一边为自己辩解，希望用前爪踏地的动作加强自己的表述。

"那是水蛇，它们是无害的……"阿姆巴长叹道，无奈地挑高眉毛，"现在立刻回到你狩猎的地方，否则到明天早上咱们还在这里呢。"

拉维的一只爪子踏进河水里，然后它便停了下来，四下嗅起来。太气人了！仅仅因为一条愚蠢的水蛇，它的一切努力都必须重新开始。直到刚才，一切都是那么顺利。最后一小时的时候，它甚至都忘了冰冷的河水，因为它全部的注意力都投入到完成任务中去了。

因为它的学生看起来不准备踏进河水，阿姆巴用它的利爪大声地敲着树干，并失去耐心地对它喊道："快点儿，行动起来！捕猎之王不会停止行动，直到最终抓到猎物为止。"

"要是那只小苍蝇，啊，还有那条水蛇没有打搅我的话，我早就能结束今天的任务了……"拉维竭力为自己辩护。

"不需要道歉，也不需要借口。"阿姆巴严厉地说道，"你必须自己为你所做的或者计划做的事情承担全部责任。没有人会代替你。你的注意力到底集中在哪些事情上——你的任务还是周围的干扰，决定权在你自己手中。上两次你都是任由两只比你小得多的动物把你的注意力从任务中分散出来。"

　　阿姆巴严厉的话语让拉维醍醐灌顶。它又想起了自己做的那个陷阱。即便那个它自己想出来的好主意，它也因为别人的质疑就轻易放弃了，虽然在内心深处拉维相信那是一个捕猎的好方法。而事实上那个陷阱也没有在实际应用中被认定就不可行——它只是没有得到最初的正面评价。拉维的耳朵垂头丧气向下耷拉着。也许过早地认输正是它所犯的错误。

　　"打起精神来！"阿姆巴尝试着安慰拉维道，"没犯过错误的人不能进步。即使是最强壮的猛兽，也需要十次左右的尝试，才能捕捉到猎物。假如它们在第一次失败以后就放弃，那么它们就会每个晚上都饿着肚子睡觉了。生活不总是完美的。你不但不应该被所犯的错误或者别人的批评所吓倒，反而应该利用它们为自己服务。坚持到底的能力还包括反思你的行为，并找出自己的弱点以及可以改进的地方。今天你做错的事情会成为明天帮助你的经验。永远记住，吃一堑长一智。无论需要重复多少次尝试，一头猛虎都会永远坚持不放弃，直到实现它的目标。"

拉维咬紧牙关，再一次踏进了冰冷的河水里。它把自己藏在能够清清楚楚看到丛林边缘的地方，一动不动地又蹲了两小时。等待的过程中，那条水蛇又游了过来，在拉维的身后转来转去。这一次拉维小心地在水下用自己的尾巴扫向前者。当拉维发觉，水蛇并没有离开的意思时，又小心翼翼地用锋利的前爪将它赶跑了。

"咱们走吧。"黎明前阿姆巴向拉维喊道。当它发现自己的学生并没有从水中出来上岸的打算时，又继续喊道，"今天它们不会再出来了，现在我饿了！"

它们来到阿姆巴的洞穴以后，阿姆巴大声地咀嚼着它剩下的猎物。经过了河边漫长的一夜，阿姆巴认为尽情地享受食物是它应得的。享用完自己的大餐以后，阿姆巴躺在洞前，一边舔干净自己的嘴一边对它躲得远远的正在闹脾气的学生说："千万别让挫折打击你的积极性。明天我们再试一次，不过我们试点儿别的东西。一名真正的捕猎之王不会犯两次相同的错误。现在你好好休息，为明天的练习做好准备。"

拉维把脸转向了悬崖壁，以便不必看到它的老师吃得饱饱的样子。虽然它已经好几天没有吃过一点儿东西了，可是它的骄傲不允许它——哪怕是一次——问阿姆巴，是否能够分给它一点儿食物。为了猎获食物，它辛辛苦苦地工作了一夜。只不过所有的努力，都没有收获结果。

阿姆巴想的却完全不同。即使拉维什么猎物也没有带回到它的洞前，它对自己学生的表现依然相当满意。今天拉维学到了一课非常重要的内容，就是斗争精神。对赢得捕猎比赛来说，没有斗争精神就根本没有获胜的机会。巴尔是一个毫无顾忌的对手，在比赛中什么样的手段都使得出来……想到这里，阿姆巴恶心得打了个激灵。也许拉维低估了目前自己处境的艰险。阿姆巴几经踌躇后，还是站起身走到拉维躺的地方。"嗨，你，"它摇了摇自己的学生问道，"你到底有没有想过，要是巴尔在比赛中真使用了不公平的手段，你该怎么做？"

猛虎工作法精要：

只有具有旺盛的斗志，才能做出比较好的事业。想取得比较好的成就，是一件比较困难的事儿，具有旺盛的斗志，非常渴望体验攻克困难之后的成就感，你才能在遇到困难的时候，不会轻易退缩。昂扬的斗志，能够保证你在充满荆棘的道路上披荆斩棘，一往无前，而不是遇到困难就退避三舍。

想要赢，你才能赢！如果没有想要赢的昂扬斗志，你是不可能攻克困难的。阿姆巴在冰冷的河水中进行的训练，就是旨在训练拉维的斗志的。在寒冷刺骨的河水中，如果没有强烈的捕获猎物的斗志，是不可能在其中一待就是几小时的，动物也有知觉，也怕冷。虽然在河水中的几次训练，拉维都因为各种外界干扰而出现了状况，但在本质上，拉维从没有放弃渴望捕获麋鹿这一核心目标。

平时做事，我们身为社会人，不可能不受到各种干扰，想要取得比较好的成绩，同时也会面临比较大的困难，成绩指数与困难指数，是成正比的。没有可以轻轻松松取得的好成绩，斗志是你攻克挑战的必要保障，收益与成就感是你攻克困难的最大奖赏。只有拥有打不垮的斗志，你才能获得耀眼的辉煌。

猛虎可以让步，但决不会放弃。工作达人可以调整方法，但决不会向困难认输。

◎在开始前就放弃的人，是没有为成功做好准备的人。

在还没开始就放弃的人，是没有进取心的人，是没有旺盛斗志的人，是没有做好准备迎接成功的人，也就不配拥有成功。成功不会凭空而至，凭空而至的只能叫运气。运气是不可琢磨的，你不可能拿运气当本事。而成功是有迹可循的，只要你制定了合理有效的目标，经过踏实、持之以恒的努力，在遇到困难时充满斗志不放弃，你就会获得最终的成功。

◎一项任务有多么棘手是你所不能够决定的，是否能够应对巨大的挑战却是你能够控制的。

客观现实不是你能够决定的，客观现实也不会随你的意志而发生改变，你能够做的就是在面对巨大的挑战时，决定自己怎么应对，采取何种方法应对。不要在不能改变的事情上耗费过多的精力，而应该在你所能改变的事情上多想想办法。没有过不去的坎儿，也没有应对不了的挑战。多想办法少抱怨，是你能够成事的重要条律。

◎如果某件事情不能立即成功，那并非表示这件事情永远不会成功。

一件事情一着手开始做马上就成功的概率是比较小的，通常都是经过一段时间的坚持，遇到问题解决问题，不断调整推进，最终才取得成功的。一件事情没有马上成功，并不代表这件事情永远不会成功。对于我们来说，一定要明白这个道理，免得我们步入浅尝辄止的误区。

◎今天你做错的事情会成为明天帮助你的经验。

我们在做事的过程中不可能不犯错，人只要做事就会犯错，这是概率问题，我们只有可能尽量减少错误，而不能杜绝错误。你做错了一件事情，你一定会获得相应的经验教训，当你在某个方面或某个领域做的时间越来越长，你的经验也就越来越丰富，你过去所犯的错误，都帮你屏蔽掉你未来前进征途中的坑，从而保障你更好地迈向成功。

◎一名真正的捕猎之王不会犯两次相同的错误。

人虽然做事不可能不犯错误，但犯了错误，一定要懂得总结、反思、提高，这样所犯的错才是值得的，才是有价值的。如果一个人老在一个错误中跌倒，那这就有很大的问题，一个不能从错误中吸取经验获得成长的人，一个老犯相同错误的人，是不可能会有大成就的人。

进阶第4课　专注于最有效的方案

> 猛虎会选择最有效的成功之路。它专注于能够实现最大功效的方法，并选择最有利的时机出手。

——题记

　　猛虎会选择最有效的成功之路。它专注于能够实现最大功效的方法并选择最有利的时机出手。

　　一直到上午的时候，拉维都在它休息的地方辗转反侧，不停地滚来滚去。为什么巴尔会用不公平的手段进行比赛？假如刚才它能够快一点儿回答阿姆巴的问题，后者也许就不会立即缄口不言地返回洞穴之中。它父亲突然消失，巴尔又随即出现下最后通牒的那个可怕的夜晚，如梦魇一般一遍又一遍地在拉维的脑海中重演。除了一场捕猎比赛之外，拉维也想不到什么决斗方式能够比其更有效率。可是为什么应该由它想到呢？说到底，这个建议毕竟不是它自己提出来的。

"拉维，停下来！"拉维都能够想象出老师严厉的声音。"有时间做无用的担心，还不如多想想你应该怎么猎捕那些麋鹿。如果你连一头麋鹿都猎捕不到，那么你根本就不必去参加什么捕猎比赛。哼，你问我是怎么在岸上就能知道这些的？"在想象中，拉维一次又一次地穿过河水去捕猎。天大亮的时候，它才筋疲力尽地沉沉睡去。这无梦的一觉一直到快傍晚的时候，才被舒活了筋骨的阿姆巴叫醒。

"嘿，赖床鬼！快起来！还是你想错过下一课的训练？"

拉维疲惫地站起身来，一边打着哈欠一边伸懒腰。然后它跟着阿姆巴来到一片草地上，那里躺着一颗硕大的椰子。拉维惊讶地把自己的眼睛揉了又揉，说道："这个东西不应该是这上面长出来的吧。"

"是谁说椰子是从这里长出来的？"白胡女士故作惊讶地前前后后地寻找，紧接着它便毫无预兆地转入下一个话题："这是你今天的任务：把这个椰子打开。"

"可是，我想再去河边，把我的第三项任务完成！"拉维的脸上写着大大的失望。对它来说，上一个任务更像是捕猎比赛的演习。

"求求你了！"拉维乞求道，"为了赢得捕猎比赛，我必须完成那个任务。"

"我非常欣赏你重新燃起的激情。可是难道你不认为，如果你总是一而再再而三地不能达成目标，是在浪费你的时间吗？"

"你告诉过我，我应该坚持到底。"拉维坚强不屈地维护自己。

阿姆巴狠狠敲了它学生的头一下儿，说道："如果你像昨天一样不能实现目标，那么计划的完美性并不是解决你问题的方法，你需要的是灵活变通。坚持到底虽然表示毫不动摇地在一件事情上花费时间与精力，直到最后达到目标为止；可是并不表示漫无止境地被迫坐在冰冷的河水里，这样做只是白白浪费你的精力，试试想一个其他的办法解决吧。"

当拉维一边思考阿姆巴是否在话中暗示了它可以提问的时候——这两者之间到底有什么关系——它还一边毫不掩饰地揉着刚才被敲痛的头。不过一想到自己没有第二个脑袋来承受说错话的风险，拉维还是选择了闭嘴。也许它的老师只是想检验一下儿，自己从击断粗树枝的练习中学习到了什么没有。拉维往两只前爪中吐了一口唾沫，然后又把它们合在一起搓了搓。接下来，它深深吸了一口气，就在吐出这口气的同时，拉维的右前爪也狠狠地向着椰子劈了下去。只是那个椰子完好无损地滚到了一边。

"哇，太完美了，"阿姆巴低声说道，"现在你又有一个非常有用的经验了。"

"啊哈，是这样吗？"拉维气愤地坐了下来。

"一名捕猎之王不会将它所有的力气一次全部用完，而是将其巧妙地用在该用的地方。"阿姆巴把椰子踢回到它学生的面前，继续说道，"由于刚才你的那一击用的是全掌，所以力量不能集中于一点，其作用也就被分散了。这个教训告诉你发力之前应该思考，如何集中你的力量才能使其最大化地发挥效用。"

拉维接住那个椰子，把它护在两只前爪之间。除了那三个椰孔以外，整个椰子看起来没有哪里跟其他的地方不同。到底在哪个地方能够在这个球形物体上最有效地发力呢？就在拉维在这个水果上前前后后地实验，用爪子上的利指上上下下地敲它的外壳时，一个主意突然在它的脑海中闪现出来。拉维重新把椰子放到地上，这次它用爪子的侧面砸了下去。那个椰子原地跳了起来，滚到了一边。

"真糟糕！"拉维低吼道，并抬脚向那个椰子踢去。这一脚加快了椰子沿着斜坡滚下去的速度。为了在椰子滚下整个斜坡以前拦住它，拉维跟在后边使劲地跑着，可没有用。那个椰子滚出了悬崖，向下掉落了几米之后落在了一块岩石的锋利的边棱上——然后一下子裂成了两半。拉维目瞪口呆地望向悬崖的下边，直到它突然明白过来刚刚发生了什么事情。

　　"我觉得你的学生进步了。"它笑着向阿姆巴喊道，"极有可能，它已经在第二次尝试的时候明白了这次练习的意义。"说完，拉维跳下悬崖，把那摔成两半的椰子叼在嘴里，又爬了上去，最后把它们放在了阿姆巴的面前，并说道："一块锋利的石头把我爪子上的力气加强了。"

　　"非常好！"白虎女士不无骄傲地走向它的学生说道，"现在咱们能去河边了。"

　　它们走在一条由山坡通向峡谷狭窄的小路上，一路上拉维激动得不停地说的都是捕猎时搏斗的情景。它一会儿认为自己应该意志坚定地坐在河水里，一会儿又表示自己还是应该潜入水底。

　　"停！"过了一段时间，阿姆巴实在受不了这没完没了的唠叨

116

了，忍无可忍地吼道，"你这是在浪费精力。现在你都根本不知道河那里的情况是怎么样的。也许今天晚上在山上又下雨了呢，那样的话平静的河水就会变成湍急的河流。只有当你抵达河边的时候，你才能开始考虑如何渡过那条河。一旦你到达那里，你就要仔细观察眼下的环境，以便选择最适当捕猎的方法。但不是在抵达之前。"

当它们抵达河岸后，拉维的行为就像被指引着一样一步也没有出错。它先是缓慢地扫视整个河面。一切还是跟前一个晚上一样，没有变化。为什么它应该找到一个新的方法，快捷无声地抵达河的另一边？拉维紧张地踏入岸边平静的河水，为了能更好地适应河水冰冷的温度。

"你这样根本不行，"阿姆巴打断拉维的努力说道，"你需要一个可以模仿的榜样，跟我到丛林里去，咱们去拜访一位老朋友。"

就在它们穿越丛林向着峡谷的方向走的时候，阿姆巴突然在一丛灌木后伏下身体。

"你这是要做什么……"

"嘘！"白虎女士打断拉维的话，向前爬了几米穿过灌木丛，示意拉维保持安静，并跟上它。拉维刚刚来到阿姆巴的旁边，后者就用

它的前爪把挡在面前的灌木丛拨到一边，以便它们能够毫无阻碍地看到一头三米多高的雄象正伏下身体，努力地啃着一棵大约一米高的灌木上的树叶。

"好好看着马上会发生什么事情。"阿姆巴轻声说道。在那头巨大的厚皮动物忙着吃跟它个头一样高的树叶时，拉维已经问了自己上千次，为什么这应该是一个好的经验。一头大象能跟捕猎有什么关系？难道说阿姆巴想让自己猎获这头大象？想到这里，拉维的心擂鼓般地跳了起来。即使它在前三个夜里学到了很多东西，拉维也不认为现在它能够完成这个挑战。与这头大象相比，看起来还是巴尔比较容易对付。拉维心情紧张地看向与它同来的阿姆巴，而后者能够看清楚那头大象的每一个细微的动作。也许阿姆巴打算最后自己捕获这个大家伙？

这时那头大象吃完了眼前不多的几根枝条上的叶子，它开始伸直鼻子，够向另一棵树树冠顶端新长出的嫩芽。就在拉维正猜想一头大象的胃里到底能够装下多少食物的时候，阿姆巴小声说了一句："注意。"这句话唤起了拉维对下面将要发生事情的注意力。

由于这头大象四脚站在地面上的高度，已经不能使它够到树冠顶端的嫩芽，所以它将巨大的体重放在两条后腿上，缓慢地平衡着身体站立了起来，然后一边用长鼻子从一根接一根的树枝上采摘嫩芽，一边往嘴里送并满足地咀嚼。吃饱以后，它又恢复四脚着地的正常姿势，然后慢慢地在树与树之间散步。

"这头大象要比一头老虎重上十多倍。可是为了填饱肚子，它并没有暴力地破坏树木，而是用两条后腿撑起全身的重量站起身来，像一只猫一样小心翼翼地平衡自己。"就在那头大象刚刚从它们的视线中消失以后，拉维目瞪口呆地大叫起来。不过，转瞬之间拉维就明白了其中的道理。

"现在我知道了，一小时以前你让我看的是什么了。"拉维为自己的顿悟开心地叫起来，"实现成功最有效的方法不一定总是最容易想到的方法。"说完，它用前爪使劲地拍了一下儿脑门儿，就好像阿姆巴常常敲它的脑袋一样。"为什么我自己没有想到？"还没等阿姆巴做出相应的反应，它已经向上朝着那条河的方向跑去了。

为了赶上拉维，白虎女士不得不一跃而起追了出去，而这个学生就在几天以前还不能理解此训练的目的。在河岸边，拉维爬上那根伸入河水中的树干，仔细地凝视着平静地流向这里的河流。为什么昨天晚上它没有想到这一点？当阿姆巴告诉它像水流一样在河里等待的时候，它只是注意到被冰冷的河水冻得生疼的爪子。河中间有一些大石头，踏着那些石头，拉维便可以毫不费力地不沾河水地抵达河的对岸。而这些它根本没有注意到。正是由于那个最容易想到的办法看起来困难重重，它便急于解决这些困难，反而完全忽略了摆在眼前的最有效的方法。拉维在那根树干上趴下，静静地守候那群麋鹿再次出现。

阿姆巴在掩护自己的长草丛中不无满意地注视着自己的学生。刚才恰恰是它作为老师最喜爱的时刻：当它的学生终于明白捕猎的关键到底是什么，当它的学生学会应该如何运用自己的力量以及自然所赐予它的天赋。为了明白这些道理，有些老虎只用几天，而有些则需要更长的时间，不过这并没有什么关系。还从来没有一头年轻的老虎不能领略猛虎祖先的捕猎秘籍。"每一头猛虎都需要给自己足够的时间。"阿姆巴小声嘟囔着侧身躺下，为了能从刚才激动的情绪中得以恢复。这一次不论需要等待多长时间那些麋鹿才能出现，拉维都已经做好了捕猎它们的准备。

月上中天的时候，第一头猎物从丛林中走了出来。拉维稍稍站起身来，做好一跃而上的准备。随着它的动作，拉维脚下的树干略略左右摇了摇，这也导致其下的水面上泛起了浅浅的涟漪。那些麋鹿注意到了这轻微的响动，转身返回了丛林。

被逃跑的麋鹿吵醒的阿姆巴抬起头来，评价拉维的反应道："好机会就像动作敏捷的动物一样转瞬即逝。你的反应太快、太慢或者声音太大，它都会一下子溜走。不过这没关系。你不是唯一遇到这样问题的人。抓住正确的时机对每一头猛虎来说都是一个巨大的挑战。你也会成为能够掌握这项技能的大师。"

"可是我该怎么做呢？"拉维沮丧地问道。虽然做了这么多努力，却仍然不能成功的事实让它着实绝望。

"成功需要有适当的时机。盲目的投机者获得成功的可能性，跟没有决心的人获得成功的可能性一样少。如果你太早从掩护中跳起来，那么你就在猎物足够接近以前把它们吓跑了。在这样的情况下，为了依旧能够捕获这头猎物，你就必须展开一场费力的追捕。而对于是否能够在追捕中捕获麋鹿来说，这样的机会非常渺茫，因为麋鹿是行动非常敏捷的动物。相反，拖延与踌躇同样会让你错过起跳的最佳时机，那个时候，你的猎物早就跑到山的那一边了。"

"呼……"拉维吐出一口气，明确表现出了自己的坏心情。只是听它老师所说的话，一切都显得那么容易。可是当自己置身于捕猎过程中，而且猎物就在眼前时，头脑中的千头万绪真的很难让人分辨出什么时候才是正确的时机。

"你必须拿出时间来，为自己制造正确的时机。"阿姆巴继续耐心地解释道，"观察仔细，在你周围都有什么事情发生。即便是在等待的时候，也必须保持警醒，不要让你自己被不重要的事情影响或者分散注意力。接下来，你与生俱来的捕猎本能就会告诉你，什么时候是那个正确的起跳时机。"最后，它又郑重地补充道："一头猛虎相信它自己的本能，并且专注于眼下。"

　　老师的教诲依旧在拉维的耳中回响。它的问题不在于技术，而在于它自己对捕猎的理解。拉维曾经无数次地观察过自己的父亲。拉文达尔从来不会因为饥饿或者疲倦就草草地发动攻势。它总是耐心地等待最佳时机的到来。这个本能拉维同样不缺乏，它需要做的只是将其唤醒。"我再试一次。"说完，拉维就在那根树干上将自己蜷成尽可能小的一团，使自己看起来就好像在睡觉一样。不过它大睁的双眼却密切地关注着丛林的边缘。阿姆巴对自己学生的表现相当满意，于是它惬意地躺在了草地里。拉维已经做好了捕猎的准备。对阿姆巴来说，它已经做完了所有它能做的事情。

　　拉维布满条纹的皮毛已经被这皱巴巴的树皮蹭得脏兮兮的。它一动不动、全神贯注地盯着每一棵树、每一丛灌木以及每一个草丛。精神如此高度集中，也驱散了在静夜里拉维体内渐渐升起的倦意。

一个多小时过去了，它眼前的景象没有发生一丝一毫的变化。突然在树丛间闪过两道精光。它们是被一头麋鹿的眼睛反射的月光。拉维的第一反应是跳起来、扑上去。可是它的脑海中又响起了阿姆巴警告自己的声音："趴着别动！让猎物再走得近一些。"只过了一会儿，就有一头麋鹿把它坚硬的犄角伸出了树丛。拉维咽了一口吐沫。

　　这么远的距离，即使对一头经验丰富的猛虎来说，也是一个巨大的挑战。直到第二头麋鹿由丛林跳出来，跑到河边喝水的时候，它才轻轻地松了一口气。这头麋鹿比第一头的个头儿要小。拉维依旧趴在狩猎的地方一动也没有动，它又检查了一遍通向猎物的路径——河中的两块大石。等到那头小麋鹿离得足够近的时候，拉维猛地从高处的树干上跃了下来，接下来又是两个干净利落的起落，就抵达了河的对岸。

　　而阿姆巴正从自己的藏身之处密切地注视着，那头受惊的麋鹿是如何被捕获它的猛虎拖入丛林中消失不见的。很快河面上被激起的波纹也归于平静了。只有灌木丛中传出来的声音告诉人们，在那里有什么正在发生。

　　过了一段时间，嘴里叼着猎物的拉维重新出现了。它带着猎物再次越过河水，来到阿姆巴的面前，不无自豪地将猎物放在后者的爪子前面。它做到了。它蜕变成了一名真正的猎手。

"做得非常好！"拉维的老师称赞它道。

等它们两个都吃饱又把剩下的部分拖回阿姆巴的洞穴中以后，拉维便随着阿姆巴一起来到山坡的边缘，并肩坐在那里享受眼前和谐安静的山中美景。如此满足的感觉令拉维非常兴奋，它已经太长时间没有体验过犹如在自己洞穴中的那种满足了。它的胃被自己捕获来的猎物温暖舒适地充满着。就连它严厉的老师也分享到了它带来的猎物。日子就该这样一天一天地过下去。这应该就是它父亲常常挂在嘴边的猎手的幸福。

"咱们回去睡觉吧。"白虎女士打破沉默说道，"明天你还有很长的路要走呢。参加捕猎比赛的时候，你必须精力充沛。"

阿姆巴只一句话，就用现实破坏了它学生心里幸福的感觉：雨林、巴尔、最后通牒——明天的孟加拉榕树下将有什么在等待着它呢？"我希望，我能够待在这里。"拉维哀叹道。突然，它的脑袋中冒出了一个想法："为什么不呢？"

阿姆巴则一言不发地站起身来，走回了自己的洞穴中。它留下的严厉目光清楚明白地告诉拉维，这个它目前生命中将面临的最大挑战必须由它自己独自面对。在洞口前，阿姆巴停下脚步，转过身来对拉维说道："不要等待你认为自己足够大、足够强壮、足够敏捷的那一天。你已经知道了所有你需要知道的东西。能够把好钢用在刀刃上的人是不会被打败的。你一定还会遇到困难的。"它带着捉弄人的兴奋大笑道，"现在你再休息一会儿吧。"

等到阿姆巴消失在它的洞穴中之后，拉维也回到它悬崖前的空地上。只不过它根本睡不着。由于内心不能平静，拉维在柔软的草地上从一边滚到另一边。直到它——它甚至都要感谢这个变化了——又听到小苍蝇嗡嗡的飞动声。拉维的这位小朋友围着它飞了几圈以后，便径直落在了它爪子前的地上。这样的行为落在拉维的眼里就像挑衅，让它不由自主地想起阿姆巴在第一个夜里给它布置的任务还没有完成。它把嘴贴近小苍蝇，对它说道："你要小心了！我要把我的课程完成了。"

拉维静静地看着小苍蝇，前者能够在观察中感受到后者越来越放松。直到一个念头猛地出现在拉维的脑海中，现在小苍蝇感到非常安全。这就是那个正确的时机。闪电般地跳起身来，拉维一把抓住那只小苍蝇，并把它小心翼翼地圈在自己的两只前爪中。然后，它慢慢地坐在自己的后腿上，缓缓地打开一对前爪，又轻声地对小苍蝇说："谢谢！"

小苍蝇晕晕乎乎地飞了起来，因为它完全没有料到，这头老虎能够这么敏捷地行动。尽管疲惫，但拉维满足地在草坪上睡去了。它终于完成了所有的任务。

猛虎工作法精要：

对于做事，有一个重要的原则就是专注，或者说聚焦。如果你同时忙于多项事务，在每项事务上你都投入不到全副精力，那么每项事情你做得非常出彩的可能性都不大。如果你将所有精力投诸一个问题呢？那么这个问题就会迅速被你出色地干掉。并且这也是最高效、最快捷的解决问题的途径

同时，对于一个问题，解决的方法往往不止一种，在这种情况下该如何选择呢？"猛虎会选择最有效的成功之路。它专注于能够实现最大功效的方法，并选择最有利的时机出手。"这条做事法则，不光适用于猛虎，也适用于人类。对于解决问题的方法，我们应该选择最简捷最有效的方法，直奔目标，单刀直入。但最简捷最有效的方法，往往不一定是我们常规之间最容易想到的方法。这点就需要我们在熟悉情况的基础上，去综合比较，去思索创新。

◎一名捕猎之王不会将它所有的力气一次全部用完，而是将其巧妙地用在有用的地方。

你的力气，是你做事儿最宝贵的资源和源泉，是支持你能将事情推进下去的最重要的先决条件。只要你有力气有精力，你能不停地动起来，你就永远有解决问题的可能。但我们使用自己的力气或精力，却不应蛮干，而应该最合理最有效地使用，将自己的每一分精力都用在最该用的地方，所谓"好钢用在刀刃上"，或者对于自己的力气或精力，你应该"惜力如金"，将你的大量精力用到你认为最重要最有效的地方，其他地方你应该尽量减少自己的精力投入，有所选择，有所取舍，这样你才能不断解决问题，又能让自己精力充沛，也即合理使用好你的每一分精力。

◎只有当你抵达河边的时候，你才能开始考虑如何渡过这条河。

只有当你到了"河边"，熟悉了"河边"的情况，你才能根据最实际的情况，考虑该用什么方案来"渡河"。我们日常做事也是同样道理，当你不了解情况时，所有幻想的解决方案，看似完美无缺、尽善尽美，但有可能却是海市蜃楼，根本落不了地，"知己知彼，百战不殆"，是做事重要的原则。

◎实现成功最有效的方法，不一定是最容易想到的方法。

如果用最常见最普通的方法，能够大概率地获得成功，那这个社会上绝大部分的人都能够成功。成功，基本上是基于创新，当然也需要付出努力的汗水。这个世界上不缺乏努力的人，但不是每个努力的人都能获得成功。成功需要你"不走寻常路"，需要你"独辟蹊径"。只有你做和别人"不一样的事"，你才有可能在与别人的竞争中，超越别人，抓住机会，从而胜出。

◎好机会就像动作敏捷的猎物一样转瞬即逝。你的反应太快、太慢或者声音太大，它都会一下子溜走。

我们生活中并不缺乏机会，而是缺乏发现机会的"眼睛"与把握机会的"手"。机会不会一直停留在那里等你，当机会来临时，你需要"该出手时就出手"——注意，是"该出手"就毫不犹豫地"出手"，而不是不分时机地"瞎出手""乱出手"，机会就像反应敏捷的猎物，你出手的时机不对，就会惊扰到它，导致它瞬间溜走。

◎能够把好钢用在刀刃上的人是不会被打败的。

能够将"好钢用在刀刃上的人"，一定是在做事中抓得住关键的人。在做事时如果抓不住问题关键，而是胡子眉毛一把抓，那这事做成泡汤的可能性非常大。只要抓住问题的关键，解决了关键问题，事情就会豁然开朗，其他附带的问题也就顺了起来，就像一团乱麻，你抓住核心的线头一提，一团乱麻瞬间就垂直垂下，条缕分明。所以，能抓住问题关键的人，能解决关键问题的人，是不可能被打败的。

进阶第5课　赢就赢在谁更能坚持

在整个捕猎的过程中，猛虎时时刻刻都竭尽全力。坚强的意志贯穿它猎捕过程的始终。

——题记

"你打算在起跑之前就把你的脚掌跑伤吗？"太阳刚刚升起，阿姆巴就被踢踢踏踏的走路声吵醒了，当它看到它的学生正焦躁地在它的洞穴前来来回回地跑着的时候，它从洞中向外吼道。阿姆巴一边伸懒腰一边哼出声来，然后大声说道："等我身上的这把老骨头醒透了，咱们就出发。我陪你去山脚。"说完，它的动作略显僵硬地向前迈步，并示意拉维跟上它。小苍蝇也跟在它们两个身后，不过保持着一点儿距离。

等到它们走过了长长一段路途，终于来到山脚的低地时，阿姆巴疲惫地站住了。"现在是告别的时候了。"它沉重地喘息着说道，"我已经不再能承受雨林中的闷热了。"

拉维低吼了一声，它的声音里充满了浓浓的悲伤。在面对新挑战的兴奋与分别的悲伤挣扎中，拉维依依不舍地向前走去。在快要到达雨林的边缘时，它再次停下了脚步。"你真的不要跟我一起来吗？"拉维决定最后再试着邀请它的恩师一次。它用自己的头温柔地蹭着阿姆巴的皮毛，说道："我们两个合力一定能够打败巴尔。"

"不了。"阿姆巴毫不犹豫地拒绝道。不仅仅是因为阿姆巴亲眼看到拉维是如何将所学到的东西，牢牢地记在心里，并出色地完成了挑战，而且还因为它知道在这样高的气温环境下，不用多长时间它就会头晕目眩。"一名捕猎之王，能够将坚强的意志贯穿它猎捕过程的始终。"阿姆巴鼓励它的学生道，"是你自己争取到参加捕猎比赛的资格，也是你自己来到山中学习捕猎技能的。现在是时候展示你的能力了，坚持到底完成你的任务。"

"可是，假如……"恐惧在拉维的心里升起，就在它想象自己输掉捕猎比赛以后，巴尔将它高高抛起扔出领地的情形时。

"刚刚有人在退步吗？是不是又在捕猎比赛开始以前，就想象还

132

根本没有发生的结局？我还以为你不会再为自己灌输这些负面的想象了呢。"阿姆巴好似要看穿拉维一样盯着它问道，"你在第二个夜里学到了什么？"

"每次猎捕都有一个结局，可是那个结局到底应该怎样掌握在我自己的手中。"拉维小声地说道。

"所以说，你掌握了一头成功猛虎所需要掌握的一切。为什么你要自己低估自己的能力呢？如果你关注身边的人正在做什么，那么他们就会把你的注意力从真正的任务中分散。为了击败巴尔，你不一定必须跟它一样。它已经不再是你前进路上的一块绊脚石。运用我们祖先的智慧，打败它。"阿姆巴坐了下来，抬起它的左前爪，继续说道，"让我们再总结一遍，你都学到了什么。"然后，阿姆巴用右爪按下左爪上的第一趾，说道："从捕捉小苍蝇的练习中你学到了应该从目标开始做计划。"接着它按下第二趾，说道："你克服了自己的心理障碍把一根相当粗的树枝一掌击断。"回忆起拉维当时气急败坏的样子，阿姆巴不由得微笑了起来。等它收起笑容，便按下第三趾，继续说道："你理解捕猎的本质以后，你就能把你昂扬的斗志运用在整个捕猎的过程中。这是你通过一个头上的爆栗，噢不对，是一个椰子学到的。"它朝拉维挤了一下儿眼睛，并按下了第四趾，说道：

"为了捕获麋鹿，你全神贯注于最有效的方法，并为咱们两个带回了丰盛的一餐。"

从阿姆巴的嘴里听起来，它在前几天夜里集训中的表现也不是那么差劲。也许它真的有机会赢得这场捕猎比赛。拉维深深地吸了一口气，又把它的腿使劲抻了抻，然后振作精神地吼道："我……我现在就进雨林中去，去取属于我的领地。"说完，它就坚定地走进了茂密的雨林。

"停，别走这么快！"阿姆巴朝拉维挥了挥它的爪子，说道，"这里还有第五趾呢。难道你不想知道它代表什么吗？"它甚至把爪子转了过来，以便让拉维能看到那些月牙形弯向掌心的指头。"一头猛虎不会按照别人的规则捕猎，而是按照它自己的想法行事。坚定对你自己的信心，做你认为对的事情。你由此得到的自由会让你更强大、更勇敢，也更成功。运用我们祖先的智慧，完成那些你必须完成的事情。至于那些智慧是什么，你在今天之前的四个晚上已经学过了。"

"我不拿自己跟别人比较，"拉维对老师的叮嘱表示赞同道，"我只跟自己比较。"

"我最喜欢这样的你！按照这种方法你的本领会变得一天比一天强的。"阿姆巴慈爱地拍了拍拉维的头，继续说道："坚定果敢对捕猎过程中的冲动有非常大的帮助。"从头到脚打量了自己的学生一遍之后，阿姆巴又问道："你能够做到坚定果敢吧？"

"能，当然能了。"拉维轻声回答道，从现在开始它再没有理由犹豫了，"你放心走吧。我一个人就能解决。"它大声对拉姆巴说道，并一边吼着一边走进雨林。

一直等到茂密的树枝在拉维的身后重新合拢，阿姆巴才大声地朝着它的学生回应道："一定要竭尽全力，即使你还不是最优秀的。"

接下来它悄悄地嘱咐小苍蝇道："跟上它，别让它离开你的视线。巴尔肯定不会对它客气的。"

猛虎工作法精要：

通常，我们有时会对做成一件事儿的困难估计不足，在做事伊始就渴望迅速成功，但这在大多数情况下是不现实的。当你具备了相应的能力，把握了机会，你剩下所需要做的就是扎扎实实地按照自己的计划推进，坚持下去。成功只是一个结果，这个结果需要过程来支撑，当你天时地利人和都做到位了，"成功"这个结果自然会不请而来。

就如同拉维，他跟着白虎女士阿姆巴全程学习了捕猎技能，对自己的综合实力进行了全方位的提升。接下来，他遵循自己的捕猎技能，按照自己的计划不急不躁地稳步推进，成为捕猎之王只是早晚的事儿。他所需要做的就是对自己计划的坚持，一头猛虎对自己的目标，是永远不会放弃的，在它的概念中，永远没有"放弃"这个概念。它的目标简单直接，就是获取猎物以果腹；它的意志无可挑剔，就是坚持到底直到捕到猎物为止；它所依靠的就是自己勤学苦练以至于成为了本能的捕猎技能——目标明确、拥有实力、坚持到底，它不成功谁能成功呢？

我们如果能铸就猛虎的这种品质，我们就能在自己的工作中突飞猛进，我们就能出色地超预期地完成工作，实现自己的梦想！

◎一名捕猎之王能够将坚强的意志，贯穿于它猎捕过程的始终。

想做成一件事情，并不容易，在这过程中会遇到各种各样的困难与挑战，能够持续将事情推进下去，百折而不挠，就需要顽强的意志。就像捕猎之王捕猎、它的坚强意志会贯穿于捕猎过程的始终一样，我们做工作、做事情也需要我们有坚强的韧性和耐心，以坚强的意志做支撑，毫不动摇地去推进。

◎**一头猛虎不会按照别人的规则捕猎，而是按照它自己的想法行事。**

工作达人，一般都有自己的工作法则和套路。你不可能照搬别人的规则，还能将事情做成功。每个人都是有思想有个性的，每个人只有用适合自己的想法和规则，才能将事情做成。别人的规则和经验，可以用来参考，用来完善自己的规则或方案，但绝不能照搬。

◎**一定要竭尽全力，即使你还不是最优秀的。**

对于工作或事业，不管你是不是最优秀的，都要竭尽全力。只有你竭尽全力了，工作或事业才会给你相应你预期的或超过你预期的回报。努力与优不优秀没有关系，越是优秀的人，越是更加努力，而更加努力，让其越来越优秀。

第四章
大勋章：成功晋级工作达人

跟着拉维同学一起学完了阿姆巴的能力提升课程，现在咱们就一起来看看结业后的拉维，是如何在雨林中奠定自己地位的，是如何打败它的强敌巴尔的，是怎样成功晋级"捕猎之王"的！

请带着以下问题阅读本章：

○ 你是如何运营你的智慧，化解工作中所遇到的挑战？

○ 面对困难，你能否快捷地找到最有效的解决方案？

○ 在生活中，面对机遇你是怎么样把握出手时机的？

○ 解决难题的时候，你是否善于使用巧劲而非硬拼？

○ 对于工作达人这个梦想，你是否想好了怎样去实现？

选对前进路径的人不必朝后看。

——题记

　　越是深入雨林，那里的气温就越高。经过这几天山中冷空气的包裹，雨林中闷热的空气，就像拉维的老朋友一样。重新回到家乡的感觉真好。若是没有头顶上的阴云笼罩，回家简直就是一件太高兴的事情了。

　　虽然拉维只是匆忙离开雨林去山中几天，但现在它却觉得自己似乎离开这里有半辈子那么久了。没有拉文达尔的孟加拉榕树下会变成什么样子？随着拉维飞进雨林的小苍蝇，已经累得把头都垂下来了。

　　"怎么样？"拉维转向它说道，"对你来说，雨林里一定是太热了。不过你不用担心，这里马上就会下一场大雨。大雨以后就会变得凉爽的。"然后，它斜着眼睛看小苍蝇是如何在自己的鼻子上又抓又爬。"你怎么突然这么焦躁不安？"拉维稍想了一会儿，假装严肃地逗它道，"难道你要告诉我，我根本不用担心，因为我能空手就抓住一只小飞虫。"小苍蝇又飞起来落在它的一只耳朵上。拉维的眼神暗了下来，问道："还是你想说，我的能力不够赢得这场捕猎比赛？"小苍蝇使劲打了拉维的头一下儿。

"啊哈，现在我知道了。你是阿姆巴的替身。"拉维挑高眉毛，模仿着它严厉的老师说道，"振作精神，拉维，完成你必须完成的事情！"现在那位老女士不在这里是多么好的事情啊，因为它一定不愿意看到眼下正在发生的事情。眼下它的学生除了跟一只小飞虫斗嘴以外，什么有意义的事情也没做。"保持放松。"拉维大声说。它觉得小苍蝇正心满意足地趴在它的耳朵上，于是说道："你知道吗？你不能在每一次捕猎中获胜。可是最重要的是，你为此努力过了。因为之后你不会问自己，假如我竭尽全力了，那么会发生什么。"

当拉维动作轻盈地路过一群在树枝上打盹、跑动、跳跃的金叶猴时，有两只看到这头英姿飒爽的老虎后惊恐得发出报警的大叫。它们的叫声惊醒了正在树冠上睡觉的同类。拉维好奇地抬起头向上看去。雨林里的猴子们从来没有像现在这样被它吓到。拉维故意面目狰狞地一边大声吼叫，一边加快步伐。

几分钟以后，一头离群独行的岩羊从拉维的侧面走了过来。它一看到拉维便拔腿就跑。拉维每往前多走一步，它就多了一分自信。雨林里的动物都敬畏它。"四个夜晚跟五堂课改变了我的人生，这是谁能想到的事情呢？"拉维低声在雨林中自言自语道，"我也许没有巴尔的个子大，也没有它经验丰富，可是我身体强壮而且思维活跃——更不要说，还有阿姆巴的智慧傍身。虽然我还没有想到，我应该如何战胜巴尔。"小苍蝇高兴地嗡嗡向前飞去。

当它们抵达雨林中的空地，也就是拉文达尔被捉住的地方，拉维甚至感觉自己已经是雨林的主宰了。"我要保卫我父亲留下的遗产。"它自豪地吼道。这个瞬间被永远地定格了。正当拉维忧伤地四下扫视的时候，从旁边的灌木丛中传来一阵声响。下一刻两个老朋友就出现在拉维的眼前了。

"刚才我还在想，这股气味是我熟识的呢！"才德尔大声叫道。莫迪奥则抱怨道："就为了这么一头老虎你激动什么？放弃你的领地吧。"

"我们先打个招呼怎么样？"拉维说道，并且完全无视那两个家伙径直向前走去。拉文达尔的领地看起来什么也没有改变。这兄弟俩也跟以前一样，不放过任何一个能四处挑衅的机会。这样的事情，如果发生在几天前，拉维一定会为了它们说的话而生气，并且还得用好几小时去思考如果再遇上这样的事情，它应该如何回应。不过与以前不同的是，现在它认为完全没有必要搭理这些故意找麻烦的家伙。要是阿姆巴在这里，它一定会智慧地说："别让它们把你的理智毁掉！你自己最清楚，什么对你来说是最好的。选对前进道路的人不必向后看。"

想到这里，拉维被自己想象的情景逗乐了。它从鼻子里哼哼地笑了几声。跟那两条条纹鬣狗讨论什么问题都不值得。在它的面前有一项非常重要的任务，而它必须为这项任务积蓄所有的精力。如果它想赢得捕猎比赛，那么它就不能将精力浪费在那些毫无意义的事情上，而应该满怀信心地向前看。捕猎比赛……拉维的后背爬过了一阵战栗。

"它到底是怎么回事？"才德尔感到异常奇怪。它不明所以地跟在拉维的身后，试图检查在后者的身上到底发生了什么变化。那些从它背上干净利落地延伸到腿部的黑色粗条纹，与以前并没有两样。可是现在这头老虎给人的感觉却跟先前的完全不同。

"你其实可以根本不必离开这里。"才德尔试着让它的同伴停下对拉维的一探究竟。

144

"就是！"莫迪奥咯咯地笑着赞成道，"人一走，窝就被占！"说这话的时候，这条条纹鬣狗一直围着拉维转圈，它甚至差点儿因为踩到自己的爪子而绊倒。

拉维猛地站住脚，问道："你说的是什么意思？"

"现在巴尔住在孟加拉榕树下。"才德尔带着一副看好戏的表情解释道。

"一点儿也不假。"莫迪奥尖酸刻薄地补充道，"你前脚才走，它后脚就把领地占了。"这条条纹鬣狗唯恐天下不乱地追着自己的尾巴跑圈，"它告诉我们，它不想在那里见到我们。"

"你看见这个爪痕了吗？"才德尔把它的屁股伸到拉维的眼前，说道，"这个是我想吃两口剩下的腐尸时，它打我留下的。我可以向你保证，那个家伙绝对有两下子。"

得知巴尔没有遵守它们的约定，拉维气得心脏都跳到嗓子眼儿了。"你想过没有，假如巴尔用不公平的竞争手段，你应该怎么办？"阿姆巴的声音又一次出现在拉维的脑海中。为什么当时它没有把老师的这个提醒认真地放在心上？拉维强迫自己镇静，装出事情还有转圜余地的样子。只有它微微颤抖的胡子，显示出它心里真实的感受。"凡事耳听为虚,眼见为实。"拉维抑制住自己的胡思乱想,跟在那两条条纹鬣狗的身后,继续朝着那棵孟加拉榕树前进。只需要几分钟,它们就能到达目的地,那个时候它就能知道到底发生了什么。

正当拉维分开挡在眼前茂密树枝的时候,它感到有几滴水滴到了它的鼻子上。下一刻,大雨从天倾盆而下。拉维立即停下所有的动作,因为雨大得让它几乎看不到自己的爪子。"这大雨啊!"面对出乎预料的情况,拉维喊道,"对啊,还有它呢!为什么偏偏是这个时候?"马上这片雨林就会变成一片大泥塘的。之后的环境会大大增加捕猎的难度——尤其是对毫无经验的新手猎人来说。大雨就像《圣经》中的大洪水一般劈头盖脸地砸下来,冲刷着雨林中的一切。"浑蛋!我到底是做错了什么?"拉维咒骂着,不过马上它就想起了它新学到的智慧:"停!别抱怨。认清压力并设法减轻它。"

"现在捕猎比赛要在水中举行了……"才德尔兴奋地叫着,然后把自己抛到湿漉漉的地面,并抑制不住地捧腹大笑。

"……就因为你必须要到山里去。"莫迪奥把它同伴的话接着说完。

"你们把嘴给我闭上。"拉维朝它们喊道。本来藏在拉维耳朵下面躲雨的小苍蝇，被这一声吼吓得直接从它的藏身之处飞了出来，因为这可不是它所认识的老朋友曾发出过的声音。雨水顺着拉维的皮毛成股流下，它一步一步用爪子稳稳地抓住地面，穿过重重雨幕奋力地稳稳向前。

"快看那个。"就在拉维朝着雨林空地拐过去的时候，一个低沉的声音响了起来。当拉维看到它的死敌卧在一个布满树根的洼地时，它在空地的最边缘停住了脚步，并狠狠地甩掉了皮毛上的水。

"瞧瞧这是谁啊？"巴尔一边说，一边抬起左前爪，并把掌心转向自己，享受地欣赏着它的锋利。"那个失败的儿子！"它使劲揉了揉前额，然后不怀好意地朝拉维挤了一下眼睛，说道，"我可没想到你还敢回到这里。"

拉维盯着那头被刺激到的老虎的眼睛。它控制着时间，以便其足够树立起自己的威信，然而又不会过长，以致让自己感到更多的恐惧。拉维的胡子微微地颤动着，它的左耳急急地扇动着。当小苍蝇再次降落在拉维的耳朵上时，它才发现自己的状态。"谢谢。"拉维把这句话抛到上方以后，就站在孟加拉榕树树冠投下的阴影边缘，不发一言了。

"你变成哑巴了吗？"巴尔缓缓地站起身来，炫耀式地展示着自己的肌肉，同时还用它的爪子在潮湿的地面来回划了好几次。然后，它一掌击下一根树枝，又在上面挠了几下。巴尔认为这些已经足够向对手表明谁才是这个地方新的统治者。最后，它满意地回到了象征着权力的宝座——那个铺满树根的洼地。

　　巴尔的这一通表演，跟捕猎比赛根本一点儿关系也没有，拉维想。现在这头年轻的老虎，可不会这么容易就放弃努力的。由于拉维不想再继续刺激巴尔，所以它只是无言地盯着被落叶覆盖的地面。就在它忙着寻找解决办法的时候，拉维死死地咬紧牙关，以阻止胡子的颤抖。它怎样才能一劳永逸地解决它的死敌呢？需要解决办法的时候，它的大脑一片空白。同时，拉维心中警铃大作，现在它最想做的事情就是逃跑，越远越好。

　　"昂扬斗志！"拉维努力平复自己的心情，"相信你自己，即使事情没有按照你设想的方向发展，保持镇定。仔细思考，你会想到好主意的……"

　　"哇啊！"巴尔打断拉维的思绪，"我刚才问你话来着！"

　　拉维小心地向前走去。在距离孟加拉榕树不到一米的地方停住了

149

脚步。跟往常一样，它垂下眼睛，做了一次深呼吸。"不要被它引开注意力，忠于自己。"拉维在心里警告自己，并努力专注于它最想实现的目标。

"你傻看着地面干什么？"巴尔用两条后腿站起来，并把自己的身体抻到最长，然后它一边把前爪在拉维的鼻子前面来回挥舞，一边说道，"咱们不用那么麻烦地组织什么捕猎比赛，咱们可以就在这里马上比试比试。"说完，巴尔用它厚实的大掌一下子拍在地上。大堆的落叶都被震得飞了起来，等它们再度落回到地面的时候，拉维发现巴尔的脸，近得几乎贴在了自己的脸上。

巴尔发出挑战邀请的时候，它嘴里难闻的气味直喷到拉维的脸上，拉维被熏得不由自主地往后退了一步。"还有一件事儿你必须相信我，像你这样的，对我来说就是小菜一碟，我用一只左手就能把你打到你的洼地里。"巴尔阴险地笑了两声，继续说道，"那样可是会非常非常疼的，因为那些落叶可没有看上去那么柔软。"

落叶？拉维的脑子里闪过一些模糊的想法。为什么是落叶？就在下一刻，巴尔的威胁已经被拉维加工成一个自救的好主意。落叶！当然了！为什么它早没想到呢？这个解决方法一直就摆在它的面前，可它就是看不到，只是因为它把全部的精力都放在问题本身上了。"现在或者永不！"拉维对自己喊道。它迅速地将头脑中的想法变成一套计划。"集中精力于解决方法而非问题本身的人，可以将一次偶然事件变成机会。"

"今天夜里，当月亮升到孟加拉榕树上的时候，我们再见。"拉维说完，干净利落地往后退了一步，把身体隐藏到孟加拉榕树投下的巨大树影中。雨不知道什么时候已经停了，太阳光从灰色的云层中投了下来。"不好意思，失陪一下儿。我有点儿事情要做。"当拉维走过那两条条纹鬣狗身旁的时候，命令道，"跟我来！"

直到走到足够远却依然是声音所及范围之内，拉维把自己摔进草丛中，并偷偷观察巴尔是如何一脸愕然地一路盯着它。然后，它尽情地打了一个大大的呵欠，对那两条条纹鬣狗说道："这块领地我比谁都熟悉。我们的捕猎比赛就在孟加拉榕树的后面举行。天黑以后，大多数动物都在那里活动。"

两条条纹鬣狗摸不着头脑地张着大嘴，在两头老虎之间看来看去。拉维看起来是完全没救了，它在山里面的几天肯定没有学到什么东西，难道它要当着巴尔的面宣布它的捕猎策略吗？

巴尔竖着耳朵，悄声无息地朝着拉维的方向接近了一点儿。

"你在那里说什么呢？"才德尔大叫起来。它似乎已经看到自己必须前往另一个领地居住的景象。于是，它忙不迭地小声对拉维说道："它什么都能听到，而且，在那片空地上什么都没有，除了……"

"不接受反驳。"拉维打断这条多嘴的条纹鬣狗道，"现在从我眼前消失。我要休息了，这样晚上我才能够有精神。"

听到这里，巴尔又悄悄地爬回了它的铺满树根的洼地，精神放松地在一侧躺下。它听到了足够的信息。赢得这场与这头天真老虎的捕猎比赛，对它来说简直手到擒来。很快，它就睡得又香又沉了。

暴雨之后，下午闷热的天气在这座雨林中蔓延。所有的动物都打着盹，为了度过这段难熬的时光。即使是巴尔，也在梦中看见了自己的胜利。这个时候，只有一只动物保持着清醒，它就是——拉维。它躺在草丛中一动不动，直到巴尔粗重的呼吸声均匀地传过来，它才站起身来，悄悄地活动了一下身体。

为了能够让计划完美地进行，还有一些事情需要准备——而这些事情，必须由它一个人来完成。那两条条纹鬣狗，根本帮不上什么忙。到现在它们从来都没有帮助过拉维，未来它们也不会帮什么忙。

假如它想把巴尔一劳永逸地赶出领地，那么它就必须自己动手。来到那片空地以后，拉维先是仔仔细细地检查了一遍整个场地，然后又做了最后的准备。虽然工作量很大，但等所有的事情都做完后，拉维对自己的成果还是非常满意的。最后它心满意足地躺在草地的中央。

拉维知道，它为自己想要得到的结果做了充分的准备，而且它也明确自己的任务到底是什么。捕猎让拉维感到兴奋。即使大雨可能随时再次落下，可是这并不能让拉维感到一丝一毫的恐惧。

当拉维一寸一寸扫视包围这片空地的树木及灌木的时候，它又一次地回忆了一遍在山中受训的几天。在那以前，对它来说，捕猎总是令它烦恼而且充满恐惧的事情。那个时候，拉维的全部注意力，不是在捕猎过程中所遇的困难，就是在捕猎之后的丰硕成果。它从来没有注意过，其实捕猎的过程是多么的美妙。

这一次将会完全不一样。这一次，它觉得面前的挑战，既让它激动又可以被它从容不迫地解决。这时拉维的全身被轻微的兴奋包裹着。捕猎的激情让它的体温发烧一样地升高。拉维终于理解到捕猎的快乐，并不在于最终所捕获的猎物，而是享受捕猎过程的本身。

"我真希望我父亲跟阿姆巴在这里。"它叹息道。如果它们看到拉维从一只胆小的大野猫变成了一头勇敢的猛虎，一定会为拉维骄傲的。它继续轻声地说下去："非常感谢你，白虎女士。雨林恐惧终于被我克服了。现在我要亲手把我父亲的领地夺回来。"拉维用两条后腿站起来，大声吼道："这跟捕猎所带来的猎物完全无关，这次只是事关捕猎本身。今天夜里，我只是要向它们展示，在我的身体里是住着一名捕猎之王的。"说完这么多话以后，它重新躺回地上，警惕地观察着周围的情况。

当巴尔被猴子们的叫声唤醒的时候，夜幕已经降临了很长时间了。它使劲伸了一个尽可能长的懒腰，又活动了几圈依旧惺忪的睡眼。等它看到拉维下午待的地方已经空无一人的时候，它才开始渐渐清醒。那头讨厌的老虎已经消失了。要么就是它想清楚了自己的处境，离开了这里；要么……强烈的紧张情绪让它围着树一直转圈……要么拉维就是个骗子，它已经独自前去捕猎了。"嗷呜！"夜空中响彻巴尔的怒吼，雨林的大地承受着它的击打。

才德尔和莫迪奥还在草丛中呼呼大睡。可是当巴尔怒气冲冲地朝它们跑来的时候，它们吓得一蹦三尺高。"那片该死的空地在哪里？"它愤怒地大吼道，"给我带路，立刻！"

巴尔制造出来的噪声，让才德尔顿时明白了眼前到底正在发生着什么事情。它二话不说地在前面带路。巴尔全程都紧紧地跟在才德尔的身后，还没有搞清楚状况的莫迪奥则远远地跟在后面。它们一抵达那片空地，巴尔就把才德尔一下子推到一边，而它自己则被眼前的景象气得直跳脚。那头讨厌的老虎正卧在草丛的中间，毫无怯意地注视着它。为什么它会被这碟小菜所蛊惑，居然自己提议什么捕猎比赛？现在是时候给这个家伙一个教训了。

拉维能够感到恐惧是如何在它的体内一丝一丝地升高。为了控制自己的情绪，拉维用爪子紧紧地抓住地面。"待在这里别动，等待正确时刻的出现。"拉维在心里命令自己道，然后看着对方一步一步地接近。

"你觉得你的小伎俩能骗得了我……"巴尔愤怒地大吼着冲向拉维。

就在拉维向那张血盆大口望去的时候，它甚至感到了脚下地面的颤动。

"你以为你比我聪明吗？"巴尔大吼着纵身跃起。落叶都被它的动作带得在空中摇摆。"可是你没有……啊……"还没有吼完这句话，巴尔就掉进了陷阱里。

156

"这是什么东西？我在哪里？"巴尔在陷阱中依旧大吼着，"你这只该死的小猫……我一定能抓住你。"它努力地抓住被雨水泡得软烂的陷阱壁，试图爬上去。而那两条条纹鬣狗则目瞪口呆地望着巴尔徒劳无功的尝试。等它终于想清楚刚才被它侮辱的那头老虎，是唯一能够把它从眼下的处境中救出来的人，巴尔开始低声讨好道："什么事情都好商量。快点，把我拉上去。"

拉维一言不发地站在陷阱的边缘，看着愤怒的巴尔在陷阱底部使劲踩脚，看它是如何一次又一次徒劳无功地尝试从陷阱中逃脱。看了一会儿之后，拉维终于一身轻松地踏上了回家的路。现在没有什么要做的了。它用自己最好的状态，抓住了猎物——一只非常大的猎物。这一切，都依赖一个除了它自己以外没有人愿意相信的战略。

当拉维在孟加拉榕树下铺满树根的洼地醒来的时候，正午的阳光把炎热压向山谷里的每一个角落，雨林中到处都是耀眼的阳光。四下里只能听到小苍蝇围着它脑袋飞行时发出轻轻的嗡嗡声。"唔唔唔，让我睡觉。"拉维抬起爪子挥舞着想赶走扰它清梦的元凶。只是小苍蝇并不想就此放弃，因为它的任务还没有完成。它灵巧地降落在拉维的鼻子上，在那里爬来爬去。开始的时候拉维一直选择无视小苍蝇，不过过了一段时间以后，它便不能忍受了。然后拉维呻吟着问道：

"现在你又想做什么？"那只小虫子则激动地朝着孟加拉榕树直直地飞了过去。

拉维站起身来，弄出了很大的声响。才德尔和莫迪奥躺在远处，与拉维隔着一段足以表达它们敬畏的距离，偷偷地关注着后者的一举一动。"我真的不知道。"说着拉维打了一个呵欠，然后继续说道，"你要对我说什么。这里的一切都挺和谐的啊。"可是小苍蝇依然故我。拉维不得不从它休息的洼地中走出来，问道："这里是不是还有什么你要指给我看？"小苍蝇摇了摇头。"你需要我做什么吗？"拉维再问。这次小苍蝇点了点头，然后飞到它的右前爪上落了下来，接着又爬到拉维的指尖，拉维锋利的指甲本能地弹了出来。

年轻的老虎终于明白了："你要我在树干上做个记号！"拉维突然想起来，在山中的第二个晚上，当阿姆巴命令它一掌击断粗树枝时，它的问题是不能一下子释放自己的力量。"你想让我把我学到的东西写下来。我应该将祖先们的捕猎秘籍保存下来——写在这里的树皮上。"当拉维开始将它学到的知识往树皮上写的时候，小苍蝇从那块树皮上飞了起来，落在了拉维的右耳朵上。

在生命的雨林中，发生了什么从来不是最重要的，最重要的是你能创造出什么。如果你的生活没有按照你的计划发展，那么你有两

个选择：你可以独自躲在地洞里怀疑、咒骂，纠结于所遇到的问题，推卸责任；或者你也可以磨尖你的利爪，勇敢地面对挑战，然后从中成长。

　　假如你想获得猎物，那么你就要大胆地走到雨林中去。如此你可以在自己的生命中获得一次爆发。不要指望别人代替你去捕猎，你必须自己捕获自己的猎物。我们体内与生俱来的捕猎本能会指引你。这些本能就像内置的指南针。让你的本能变得更加敏感，那样你就能够捕获丰盛的猎物。无视或者压制你的本能，它就会渐渐枯萎。即使是一头猛虎，也会变得像一只温柔或慵懒的小猫。

　　成功从来都不是通过幸运或偶然事件得来的。成功是通过你的努力与奋斗得来的。万事开头难，别犹豫，放手一搏吧！就是现在！你前进的每一小步都帮助你缩短抵达成功的距离，即便对你来说成功看起来依旧是遥不可及的。而且永远不要忘记：一名真正的捕猎之王，真正关注的是捕猎过程本身，对它来说，成功是让它吃饱和快乐的结果。

猛虎工作法精要：

在面临挑战或危机时，我们通常需要调动自己多方面的能力去解决，而不是某一方面的能力就能奏效，比如我们需要克服恐惧，比如我们需要顽强的斗志，比如我们需要持之以恒的精神，比如我们需要敏锐的洞察力，以便自己能迅速抓紧问题的关键，从而找到解决问题最有效的手段，等等。

在拉维战胜巴尔的案例中，我们可以看到拉维综合运用了从白虎女士那里学来的各种技巧。这些技巧的协调运用，让拉维从一只怀有雨林恐惧症、不愿走出自己舒适区的"菜老虎"，成功地变成了一头勇猛、沉着、有计谋的"捕猎之王"。我们应该认真研究拉维战胜巴尔的案列，这里面蕴含着我们解决问题的思维模型和行事套路。真正读懂了它里面所蕴含的真义，你将会成为一名真正的工作达人，成为一名解决问题的高手，成为一名对工作游刃有余的人！

◎你不能在每一次捕猎中获胜。可是最重要的是，你为此努力过了。

任何一个人，都不能保证自己永远获胜。获胜只是一个结果，重要的是过程。只要我们在行事的过程中全力以赴了，即便没有获胜，我们也应该感到满足。因为重要的是，我们为此努力了，问心无愧了！

◎**选对前进路径的人不必朝后看。**

只要你选对了前进的路径，你就应该坚定无畏地大踏步往前走。你应该对自己充满自信，对自己的选择充满自信。你应该聚焦自己的精力，将每一滴精力都花在最该花的地方，而不是回头看，去回味以往的种种。不管以往的种种是酸还是甜，或者是苦涩，它都已经发生，定型了，无可改变了。你只能去考虑尚未发生的你能够改变的事儿，而对于已经发生的无法改变的事儿，就让它随风去吧。

◎**相信你自己，即使事情没有按照你设想的方向发展。**

相信自己很重要，我们都知道吸引力法则，如果你是自信的，好的事情充满正向能量的事情，都会向你靠拢；如果你是不自信的，不好的事情充满负面能量的事情，也会围绕到你身边。事情可能会按照你的预期发展，也可能不会按照你的设想去发展，这都很正常。即便事情没有按照你设想的方向去发展，你也要相信你自己，因为你是最优秀的，因为你是怀揣梦想的人！

后记

行动起来吧，梦想就在前方

谁要是跟随着一头猛虎的足迹捕猎，就要准备好遇到一头猛虎。

——印度箴言

"若谁不为自己的成功努力，那么他就不配拥有成功。"也许这句话对有些人来说太过伤人，不过它要表述的道理是个真理：你需要拥有一个积极主动的、自我决定的生活方式。没有行动，你的梦想不可能实现！

相信我，我知道自己在说什么。在我这么多年依靠自己的力量奋斗出一片天地之后，在奋斗这个领域我可以称作专家了。我来给你讲一段我自己的亲身经历：我的目标是成为一名成功的作家，全世界的读者都会被我的作品所感动。所以对我来说，最重要的事情就是在尽可能多的书店里，卖出尽可能多的书。在我事业刚开始的时候，可谓困难重重，毫无成功可言。作为一名默默无闻的新人写手，在寄出第一部手稿之后，我收到的是一封又一封来自不同出版社的拒绝信。他们更愿意出版知名作家的第十七部著作，可是对于一个新人的首部作品，他们的兴趣实在是不高。这就是雨林的基本法则……

为了实现我的目标，我改变了解决问题的方法，我把注意力放在出版社严格的出版规则上。于是我回信给出版社："我必须自己购买多少本书，您才会出我的书？"

"五百本。"一家非常著名的出版社这样回答我。我接受了这个条件，之后我的书就上市了。那家出版社把我的书定名为《花费更多的时间在重要的事情上》，而每本的定价为四十八马克。那时候我住在斯图加特郊区施达姆海姆的一个一室一厅的小房子里。书刚一上市，出版社就给我运来了两大货板五百本书到家里。随书送到的账单有一万四千四百多马克，虽然这是本书作者享受的优惠价格，可是我必须立即付款。从那一刻起，在我脑子里不停想的都是我该如何尽可能快地把这五百本书尽可能多地卖出去，以偿还银行中一万五千马克的贷款。这个数目在当年可比现在值钱多了。

饥饿令人富有创造力！当时我是斯图加特工作方法协会的成员，今天我依旧是他们的荣誉会员。这个协会每隔一段相同的时间都会向其会员寄发一期叫作《工作方法人》的杂志。我说服了主编，在那本杂志中免费附加一张我新书的订购卡。出版社很欣赏这个方法，他们帮我支付了印刷订购卡的费用，然后我收到了大量的订单。那些书都是我亲手包裹，并附上账单拿到邮局寄出的。其中有两个客户直到今天依旧没有付清他们的欠款。总有一些事情是永远不会被忘记的……在那之后，这本书又被重印了二十次精装版与三十次平装版。每一版都取得了市场销售的好成绩——虽然这其中有很多本用于扩大影响被我赠送给别人了。而我的客厅也终于不再被那些书占满了。

不过仅凭于此，我并没有变成梦想中的国际知名作家。多年以来，我在每一届法兰克福书展上都踏破铁鞋地寻找可以合作的海外出版社。我从一个展台走到另一个展台，拜访每一个出版社。每一个与我谈过话的出版社负责人更感兴趣的都是将他们自己的版权卖到德国，而不是在他们的国家出版我的书。这一片雨林啊……从一个负责人辗转到另一个负责人，直到我遇到了一个美国出版社的涉外版权经理。我们相识以后，每个月我都会给他打一个电话，以便他不会忘记我的书。这样的电话我一直连续给他打了两年！要知道那个年代可没有什么包月服务！通过各种经历，我学到的最重要的事情就是：最好的投资是投资你自己。

经过两年的努力，我离自己的目标不远了。就在这位涉外版权经理再次造访法兰克福书展的时候，我请他和他的领导在城里最好的餐厅吃饭。这段经历在我的脑海中清晰得就像昨天一样。在吃弗兰肯地区名菜的时候，他们不喝著名的莱茵高葡萄酒，而是喝冰块威士忌。幸好喝了几十杯之后，他们终于决定购买我那本书的版权。我的书终于要在美国出版了。目标终于实现。从那开始，我的可控成功就开始螺旋式上升，因为那个英文的译本，帮助我打开了无数国内与国际出版社的大门。更不用说我这本《猛虎工作法：能力是训练出来的》还获得了美国出版市场协会的本杰明·富兰克林奖。自从我迈出了这第一步，并且排除了困难，事情就一步一步走上了正轨。到今天各大出版社一共出版我的作品超过五十部，总计五百万余册，并被翻译成四十种语言。

我想通过这件事情说的是：没有人能够单纯依靠别人的努力而使自己成功。即使我已经做了三十多年的畅销书作家，没有一本我的书是毫无困难就成功出版了的。当然，在成功的路上，有许多与我并肩战斗的战友。但是促成一切的原始力量是我自己。

行动起来吧，梦想就在前方，我的朋友。

带领人们通往成功的不是争吵、希望与祝愿，而是搏斗、主动行动。

只是身长条纹并不代表你是猛虎！

啊，对了，我差点儿忘了说：假如有一天，你遇到一头令你想起拉文达尔的猛虎，一定记得告诉它，它的儿子终于成为一名捕猎之王。

此致

罗塔·赛维尔特

致谢词

向我去世的父母提奥多·赛维尔特医学博士与玛格丽特·赛维尔特致以无尽的衷心感谢。没有他们我不会在苏门达腊出生，也不会看到这世界上的阳光以及我所认识的第一头老虎。

非常特别的猛虎式感谢（"嗷呜，嗷呜！"）献给史黛芬妮·艾尔恩施文德纳尔。感谢你对这本书始终如一的支持与充满创意的建议：从给本书第一稿的全新创意以及每一稿的修改建议，到故事的大纲与讲述方法，还有我们一同在动物园调研的时光，当然还有我们的友谊。

感谢我的经纪人莉亚妮·科尔夫为我们多年完美的成功合作做出的一切。

感谢迪亚娜·茨灵格斯博士为本书的审阅所做出的卓越贡献。

感谢阿尼卡·丢尔以及维尔德有限公司。你美轮美奂的版面设计与插图让读者们获得了有关那些猛虎与雨林动物最直观的印象。

感谢心理学专家吉尔柯·莱茵博德与因尼尔拓研究所。感谢你对猛虎测验所做的专业辅导。

最后，我要感谢阿里斯通出版社。感谢它对我研究猛虎的旅行所给予的支持和信任。

当然我猛虎式的感谢还要献给所有的猛虎们。不论你们到底是有两只还是四只爪子，你们都做好了为了成功亮出自己利爪的准备。